目标价格改革对
新疆棉花生产经营主体影响研究

The Effect of Target Price Reform on the Behaviors
of Cotton Production and Management Actors in Xinjiang

赵 鑫 ◎ 著

中国农业科学技术出版社

图书在版编目（CIP）数据

目标价格改革对新疆棉花生产经营主体影响研究 / 赵鑫著 .—北京：中国农业科学技术出版社，2021.3
 ISBN 978-7-5116-5217-1

Ⅰ.①目… Ⅱ.①赵… Ⅲ.①物价改革—影响—棉花—作物经济—经济发展—研究—新疆 Ⅳ.① F326.12

中国版本图书馆 CIP 数据核字 (2021) 第 041928 号

责任编辑　崔改泵　褚　怡
责任校对　贾海霞
责任印制　姜义伟　王思文

出 版 者　中国农业科学技术出版社
　　　　　北京市中关村南大街 12 号　　邮编：100081
电　　话　（010）82109194（出版中心）　（010）82109702（发行部）
　　　　　（010）82109709（读者服务部）
传　　真　（010）82109698
网　　址　http://www.castp.cn
经 销 者　各地新华书店
印 刷 者　北京建宏印刷有限公司
开　　本　710mm×1000mm　1/16
印　　张　9.25
字　　数　166 千字
版　　次　2021 年 3 月第 1 版　2021 年 3 月第 1 次印刷
定　　价　60.00 元

———— 版权所有·翻印必究 ————

前　言

新疆维吾尔自治区（简称新疆，全书同）作为我国最大且具有世界影响的棉花产地，植棉面积、总产量、单产、人均占有量和调出量已连续26年位居全国第一，不仅为维护国家粮棉安全、稳定国内棉花市场和确保棉纺织工业健康发展提供了坚实的保障，而且为保证新疆农村经济快速发展、农民脱贫持续增收以及社会和谐稳定做出了重大贡献，具有极其重要的战略地位。2014年国家实施棉花目标价格改革是完善农产品价格形成机制，调节供需关系，充分发挥市场在资源配置中决定作用的重大举措，为新疆棉花产业提质增效和高质量发展提供了政策支持和保障。2019年中央一号文件提出恢复启动新疆优质棉生产基地建设，在提质增效的基础上巩固棉花生产能力，进一步凸显了新疆棉花生产的重要性，新疆棉产业发展任重而道远。

本书以微观农户、合作组织等棉花生产经营主体为研究对象，以研究目标价格改革对棉花生产经营主体行为意愿影响为切入点，通过文献查阅、数据资料收集、理论借鉴和实地调查，采用归纳和演绎、比较和典型案例、定性和定量相结合的研究方法，从不同角度，逐层深入地探析目标价格改革的实施效果及其对新疆棉花生产的影响，提出新时期深化棉花目标价格改革和促进新疆现代棉产业发展切实可行的政策建议，为完善棉花目标价格政策和相关农业补贴政策、建立新疆农产品价格制度、促进新疆棉花生产转型升级提供了有益的理论借鉴和政策指导。

本书主要研究内容和结论包括以下四方面。

一是归纳总结了棉花目标价格改革实施以来取得的成效和存在的问题。目标价格改革取得的成效主要体现在：棉花价格市场机制作用得到发挥；生产向优势产区集中；棉农收益得到保障；推动了棉花质量和产业竞争力的提升；产业链得以整合激活。存在的问题主要体现在：政府管理体制和理念有待提高；目标价格制定标准不明确；补贴的利益保障机制不全面；补贴措施的科学性和合理性有待加强；政策执行缺乏长效配套机制。研究发现，棉农对目标价格改革实施满意度处于一般与满意之间。其中，改革实施方式方面满意度较低，仍有待进一步完善和提高。鉴于此，提出探索长期稳定适应新疆棉产业发展的目标价格补贴制度；在目标价格补贴的基础上，构建棉花综合补贴的政策体系。

二是分析了目标价格改革对新疆棉花生产和生产经营主体产生的影响。目标价格改革以来，新疆棉花生产特征和面临困境主要体现在："全国棉花看新疆"的格局已经确立；棉花生产向优势产区进一步集中；新疆发展高品质棉花任重而道远；棉花品种品质区划滞后；机采棉发展潜力空间仍然较大。目标价格改革对棉花生产经营主体产生的影响主要体现在：棉农的植棉意愿稳定，植棉观念发生转变，优化结构意识增强；补贴保障了棉农的基本收益；植棉生产成本逐年增长，尤其是人工成本，造成小规模农户植棉效益较低；促进了全疆不同形式的植棉合作组织发展，农民植棉的组织化程度得到提高。鉴于此，提出建立和整合良种等生产资料、生产技术、农机具研发、保险和信贷支持等棉花综合补贴体系，切实推广应用节本增效绿色生产技术；因地制宜建立适度规模合作经营组织，促进小农户与现代棉花产业有机衔接。

三是结合典型案例比较分析目标价格实施前后不同生产经营主体行为。研究表明：目标价格改革实施以来，规模化经营、合作经营、节本增效、提质增效是新疆棉花生产的必然选择，也是向现代棉花产业转型升级的必由之路。然而，新疆尤其南疆区域，棉花生产仍然以小农户为主的生产经营格局，已严重阻碍了现代棉产业发展。鉴于此，提出建立多种形式适度规模合作经营组织，在南疆推行"村两委+农户模式"和"企业+合作社+农户+社会化服务组织+农业科研"的发展模式，促进小农户与现代棉产业有机衔接。同时，创新和加强对小农户的支持政策，积极引导小农户转变观念和生产行为，提升其自身发展能力。

四是根据计划行为理论构建结构方程模型（SEM），研究目标价格改革对南北疆植棉户行为意愿的影响因素。结果表明：棉农行为意愿对生产行为呈显著正相关；态度、主观规范和感知行为控制对棉农的行为意愿均呈现显著正相关。南疆农户行为意愿主要受提高棉花品质、降低成本以及加入合作社等因素影响较大；北疆农户植棉土地规模化效应逐渐显现，其行为受生产技术标准化、提高生产效率，提质增效等因素影响较大。农户的行为意愿进一步体现出目标价格改革以来南北疆棉花生产面临和亟待解决的关键问题，也表明新疆棉花正朝着提质量、增效益、重合作的方向发展。

本书从探索长期稳定适应新疆棉产业发展的目标价格补贴制度；构建棉花综合补贴政策体系；加大棉花科研扶持，切实推广应用节本增效绿色生产技术；建立多种形式适度规模合作经营组织，促进小农户与现代棉产业有机衔接；积极引导小农户转变观念和生产行为，提升自身发展能力；搭建棉花产业利益共同体机制，推进全产业链融合发展等方面提出政策建议，对完善棉花目标价格政策和相关农业补贴政策、建立新疆农产品价格制度，具有经验积累和政策储备的理论借鉴价值；对促进新疆棉花产业提质增效和高质量发展，具有一定的现实政策指导价值；对南疆如何加强小规模植棉户与现代棉产业有机衔接的重大命题提出了可借鉴的模式和措施。

本书是由国家社科基金项目资助，在凝聚大量前辈思想基础上通过调查和研究形成的科研成果。研究过程中，充分发扬农科人扎根农村、注重调查研究、探索真知的优良传统，以期为政府部门、学术界同仁等提供政策建议、行动向导和学理思考。本书还存在许多不足，今后将继续深入探索，争取有更多更全面的研究成果呈现。

在全面推进乡村振兴的新历史起点和建党100年来临之际，本书是农科人以国家战略为指引，不忘初心、牢记使命，用研究成果助力"三农"的一份责任，也是一份义务。作为"三农"问题科研工作者，我们将继续立足乡村振兴，关注农民，融入爱岗敬业的具体行动中，为新疆农业农村政策制定提供参考，为乡村振兴战略实施提供动力。

赵 鑫
2021年春于乌鲁木齐

目 录

第1章 导 论 1
  1.1 研究背景和意义 3
  1.2 研究思路与内容 5
    1.2.1 研究思路 5
    1.2.2 研究内容 6
  1.3 研究方法与技术路线 7
    1.3.1 研究方法 7
    1.3.2 技术路线 8
  1.4 研究的创新和不足 9
    1.4.1 创新之处 9
    1.4.2 不足之处 9

第2章 相关理论及文献综述 11
  2.1 相关概念及理论 13
    2.1.1 相关概念界定 13
    2.1.2 理论基础 15
  2.2 国内外文献综述 22
    2.2.1 有关棉花补贴政策研究 22
    2.2.2 有关农业政策满意度评价研究 24
    2.2.3 有关补贴政策对农户行为影响研究 25

第3章 棉花目标价格改革实施情况及满意度评价 ……………………… 29
3.1 我国棉花扶持政策梳理（改革开放以来） ……………………… 31
3.2 棉花目标价格改革实施情况 ……………………………………… 33
3.2.1 改革实施整体情况（2014—2018年） …………………… 33
3.2.2 棉花目标价格改革取得的成效 …………………………… 36
3.2.3 改革进程中存在和面临的问题 …………………………… 38
3.3 基于满意度视角的棉花目标价格改革评价 …………………… 40
3.3.1 数据来源与评价方法 ……………………………………… 40
3.3.2 建立评价指标体系及确定权重 …………………………… 41
3.3.3 模糊综合评价及结果分析 ………………………………… 43
3.4 小结 ……………………………………………………………… 44

第4章 目标价格改革对新疆棉花生产的影响分析 ……………………… 47
4.1 目标价格改革前后棉花生产对比分析 ………………………… 49
4.1.1 新疆棉花生产水平与全国对比分析 ……………………… 49
4.1.2 新疆棉花生产总体变化情况 ……………………………… 50
4.1.3 南疆、北疆、东疆棉花生产变化情况 …………………… 53
4.1.4 各地（州、市）棉花生产变化情况 ……………………… 57
4.1.5 优势产区生产变化情况 …………………………………… 60
4.1.6 品种布局及品质结构现状 ………………………………… 63
4.1.7 棉花机采现状 ……………………………………………… 65
4.2 目标价格改革对棉花生产经营主体影响分析 ………………… 66
4.2.1 对棉农的影响 ……………………………………………… 66
4.2.2 对植棉合作组织的影响 …………………………………… 69
4.3 小结 ……………………………………………………………… 71

第5章 目标价格改革实施后新疆棉花生产经营主体行为分析 ………… 73
5.1 棉花生产经营主体的行为特征及区域差异 …………………… 75
5.1.1 农户行为特征 ……………………………………………… 75
5.1.2 合作社行为特征 …………………………………………… 77

        5.1.3 农户加入合作社行为及区域差异 ············· 79
    5.2 目标价格改革实施以来棉花生产经营主体行为典型案例分析······ 81
        5.2.1 小规模农户行为分析 ······················ 82
        5.2.2 植棉大户行为分析 ························ 83
        5.2.3 棉花合作社行为分析 ······················ 85
    5.3 小结 ··· 87

第6章 农户植棉行为意愿影响因素研究 ················ 89
    6.1 样本数据的描述性统计分析 ······················ 91
        6.1.1 问卷设计思路 ····························· 91
        6.1.2 数据来源 ································ 92
        6.1.3 样本农户特征分析 ························ 93
    6.2 研究假设与模型构建 ···························· 98
        6.2.1 研究假设 ································ 98
        6.2.2 变量选取和模型构建 ······················ 98
    6.3 对农户植棉行为影响实证研究 ···················· 101
        6.3.1 对南疆农户植棉行为影响分析 ··············· 101
        6.3.2 对北疆农户植棉行为影响分析 ··············· 106
    6.4 小结 ··· 111

第7章 主要结论与政策建议 ·························· 113
    7.1 主要结论 ····································· 115
    7.2 政策建议 ····································· 117

参考文献 ··· 122
附录 ·· 129
后记 ·· 137

第 1 章

导 论

1.1 研究背景和意义

棉花作为国家重要的战略物资和保证我国棉纺工业发展的重要原材料，关系到国家安全和外贸主导产业的健康发展，关系到主产棉区农村经济发展和农民增收。新疆是我国最大的商品棉基地，到2018年新疆棉花生产已连续26年实现棉花种植面积、单产、总产、调出总量全国第一，棉花总产量占全国的80%以上。新疆棉花对于国家稳定棉价，保证棉花有效供给具有重大影响。棉花产业是新疆农民增收的重要来源和脱贫致富的主要途径，也是促进区域经济社会协调、稳定发展的关键产业。

为有效解决棉花临时收储政策出现的产业上下游价格扭曲、纺织企业生产成本居高、国家收储压力急剧增加等一系列矛盾和问题，2014年中央一号文件指出，要进一步完善粮棉等重要农产品价格形成机制，继续坚持市场定价原则，探索推进农产品价格改革形成机制与政府补贴脱钩的改革，逐步建立农产品目标价格制度，经国务院批准，决定在新疆全面启动棉花目标价格改革试点。

开展棉花目标价格改革，目的就是在保障棉农基本收益的前提下充分发挥市场在资源配置中的决定性作用，将棉花价格形成交由市场决定，以促进棉产业上下游协调发展。一是政府不干预棉花市场价格，由市场决定价格，加工企业按市场价格收购，恢复产业的市场活力，有利于提高国内棉产品的市场竞争力；二是确保棉农基本利益得到保障，将政府对棉花生产者的补贴方式由包含在价格中的"暗补"变为直接支付的"明补"，让棉农明明白白得到政府补贴，这有利于减少中间环节，提高补贴效率；三是充分发挥市场调节棉花生产结构的作用，促使效率高、竞争力强的棉花生产者脱颖而出，提高棉花生产组织化、标准化、规模化程度，减少生产成本，提高生产效率和激励技术进步；四是促进产业链各环节的衔接，合理平衡利益，保障政策实施。

目标价格政策的实施，对新疆棉花产业发展产生了重大影响。在生产上改变原有的产业结构和资源配置格局，满足国内对棉花消费的需求数量，提高了棉花品质；同时在保证农民收入，开放棉花市场流通与贸易，加强资源利用率与环境保护等方面也起到了一定作用。鉴于此，为深入摸清棉花目标价格改革实施情况和效果，以及改革对新疆棉花生产的影响作用，2015年课题组提出了《棉花目标价格改革对新疆棉花生产经营主体行为意愿影响研究》课题，对此开展深入调查研究，以棉花生产经营主体为研究对象，采用多种研究方法相结合的手段，逐层分析目标价格改革对新疆棉花生产、生产经营主体以及主体行为产生的影响，从棉花生产和生产者的角度对目标价格改革制度的进一步完善和相关补贴政策的优化，以及深化新疆棉花产业供给侧改革等方面提出对策建议，为国家和新疆维吾尔自治区党委、人民政府及相关厅局提供科学的决策依据。

本研究具有如下理论意义和现实意义。

一是有利于新疆农产品目标价格制度的建立。目前新疆还没有建立农产品目标价格制度，但随着国内外农产品市场供求形势变化，建立这项制度会越来越迫切，越来越必要。自新疆棉花目标价格改革试点以来，已积累了一定的实施办法和措施，本研究归纳总结了棉花目标价格改革五年来不断改进的制度内容，取得了经验和效果。在此基础上，借鉴其他省区有关农产品目标价格政策制度的改革试验经验，针对粮、油、糖、特色作物等重要农产品，为建立新疆农产品目标价格制度具有经验积累和政策储备的理论指导意义。

二是有利于棉花目标价格改革政策进一步完善和相关农业补贴政策的整合。本研究通过梳理目标价格改革两轮总体实施情况，表明改革已从短期应急走向长期平稳，到了一个新的重要节点，即将面临新形势、新任务。因此，研究对当前和新一轮棉花目标价格改革政策的完善具有重要现实意义。同时，在实践中证明，以引入棉花目标价格改革为基础和契机，探索整合各种与棉花相关的补贴政策和资金，集中起来用于目标价格补贴，对发挥市场机制作用、提高国家补贴资金使用效率和确保农业支持保护政策的执行效果和设计目标一致性，具有重要理论和现实意义。

三是有利于新疆棉花生产提质增效和高质量发展。本研究通过分析目标价格改革前后新疆棉花生产水平的差异，棉花生产经营主体的行为变化，总结目前新疆棉花生产体系中存在品种多乱杂，品质一致性差；机采棉生产方式中农机农艺不配套；棉花生产成本居高不下，缺乏节本增效的绿色生产方式；经营体系中存在农户经营组织化程度低，植棉比较效益低；棉花产业链上下连接不紧密，缺乏联动机制等一系列问题和制约因素，影响着新疆棉花向高质量的方向发展。因此，迫切需要相关部门结合当前棉花生产中的短板和制约因素，制定出台相应的补贴政策，促进新疆棉花产业提质增效和高质量发展。

四是有利于健全促进小规模植棉户与现代棉产业有机衔接机制。本研究通过棉花目标价格改革影响下的不同生产经营主体生产行为案例分析，找出目标价格改革实施对新疆棉花生产者带来的困境、机遇和挑战。面对新疆尤其是南疆四地州小规模植棉户仍然占比较大的现状和当前棉花产业转型升级的迫切需求，小规模植棉户的生存方向必然发生变化，合作经营、风险共担的规模化效应愈加凸显。因此，因地制宜，积极创新适合区域棉花生产的经营组织形式，有效加强小农户和其他经营主体的利益联结机制、社会化服务机制，真正让小农户参与到现代棉产业发展中，对促进新疆棉产业转型发展和增强小农户的获得感、幸福感和安全感具有现实意义。

总之，本研究重点围绕目标价格改革对棉花生产经营主体行为影响展开，系统深入地分析棉花目标价格改革实施效果，提出新时期深化棉花目标价格改革和促进新疆棉产业转型升级的政策建议，对于最大限度发挥国家补贴资金效用，完善棉花补贴政策体系，充分发挥各生产经营主体活力，促进新疆棉花生产提质、节本、增效，提升棉产业的国际竞争力，实现棉产业融合发展意义重大而深远。

1.2 研究思路与内容

1.2.1 研究思路

本研究以微观农户、合作组织等棉花生产经营主体为研究对象，阐释了目标价格改革实施五年来取得的成效、存在问题，采用模糊综合评价法以农户满意度视角评价棉花目标价格改革的效果；通过查阅相关文献、收集数据，从棉花目标价格改革对新疆棉花生产水平和生产经营主体两方面的影响展开，分析目标价格改革以来新疆棉花生产特征、面临困境和对棉花生产经营主体产生的影响；通过借鉴行为经济学、农户行为学等相关理论，深入分析新疆棉花生产经营主体的行为特征和区域差异，以南北疆不同生产经营主体行为的典型案例分析为依据，总结出棉花目标价格改革对不同生产经营主体行为影响作用；通过对南北疆农户问卷调查，相关政府部门走访座谈等实地调研，整理调查数据，以计划行为理论为依据，建立结构方程模型（SEM）对棉农行为意愿影响因素进行实证研究，从农户的视角进一步探究目标价格改革对新疆棉花生产经营主体行为的影响。研究中，从宏观层面分析了目标价格改革对棉花生产以及生产经营主体的影响，从微观层面深入探究了目标价格改革对棉花生产经营主体行为的影响因素，运用归纳和演绎、比较和典型案例、定性和定量相结合的多种研究方法，从不同角度，逐层深入地研究目标价格改革的效果及其对新疆棉花生产的影响作用，并结合棉花供给侧结构性改革的要求和新疆棉花生产发展目标，提出切实可行的对策建议。

1.2.2 研究内容

主要研究内容涉及以下方面。

一是相关理论和文献的研读。通过查阅国内外有关棉花补贴政策的文献，梳理政策差异、政策效果；研读行为经济学理论、行为意愿理论、农户行为理论等相关理论，为分析农户行为特征、设计问卷、构建模型奠定理论基础。

二是棉花目标价格改革实施情况及满意度评价。通过分析棉花目标价格改革实施背景、政策本身的执行情况、取得的成效和存在的问题，总结出改革五年来历经两个阶段不断改进完善的过程和取得的成效，以及政策制定和执行中存在的不足。同时，建立指标体系，采用模糊综合评价法，以棉农对目标价格改革的满意程度评价分析政策实施效果。

三是目标价格改革对新疆棉花生产的影响。主要从棉花目标价格改革实施前后对比分析新疆棉花生产水平差异和改革对棉花生产经营主体的影响两个方面开展分析。通过收集统计数据，农业相关部门有关棉花生产数据资料，对比分析目标价格改革前后新疆不同区域棉花生产水平、品种布局、品质性状和机采状况，总结出当前新疆棉花生产的特征和面临困境。同时，从政策实施角度分析棉花目标价格改革实施对生产经营主体产生的影响作用。

四是目标价格改革以来棉花生产经营主体的行为分析。在总结目标价格改革对生产经营主体产生影响的基础上，分析棉农、植棉大户和棉花合作组织等生产经营主体的行为特征，南北疆存在的区域差异，同时选取南北疆典型案例，深入分析不同生产经营主体的行为差异，归纳出目标价格改革政策实施以来各棉花生产经营主体的行为特征和变化方向。

五是农户植棉行为意愿影响因素分析。通过对南北疆植棉农户进行问卷调查，根据计划行为理论构建结构方程模型（SEM），研究目标价格改革对南北疆植棉户行为意愿的影响因素，结果表明，南疆农户对提高棉花品质、降低成本以及加入合作社的意愿较为强烈；而北疆棉农则对生产技术的标准化、提高生产效率、提质增效等生产方式的行为意愿较为强烈，进一步从目标价格改革对农户行为的影响因素研判政策实施效果。

六是提出促进新疆棉花产业转型升级的政策建议。结合目标价格改革的效果和新疆棉花产业发展的方向和目标，从完善棉花目标价格补贴制度到构建棉花综合补贴政策体系，从推广应用节本增效绿色生产技术到建立多种形式适度规模合作经营组织，引导棉农转变生产行为方式，最终实现棉花全产业链融合发展，全面系统地提出新疆棉花产业转型发展的对策建议。

1.3 研究方法与技术路线

1.3.1 研究方法

1.3.1.1 文献资料收集和调查研究法

为了深入理解和认知有关目标价格改革政策、棉花产业发展状况、农户满意度调查和评价方法、农户行为意愿影响因素以及实证方法等大量的内容，需要反复查阅、跟踪相关中外文文献。同时，对南北疆主要棉花生产县（市）进行实地调研，对农户开展满意度和目标价格对其影响因素的问卷调查，为课题研究奠定坚实基础。

1.3.1.2 归纳研究与演绎研究相结合

本研究不仅对目标价格改革前后新疆棉花生产现状、目标价格改革实施情况、不同棉花生产经营主体行为特征分析等内容进行归纳总结，还开展了农户对目标价格改革满意度的评价研究和目标价格改革对棉农行为影响研究，从农户的视角进一步演绎推理棉花目标价格改革效果和棉花产业的发展方向。

1.3.1.3 定性研究与定量研究相结合

本研究针对目标价格改革实施情况、农户行为特征等内容采用定性的分析，同时也采用数据统计分析、模糊综合评价法、层次分析法、结构方程模型等定量的研究手段进一步深入探究。

1.3.1.4 比较研究与典型案例相结合

比较研究包括纵向比较和横向比较。纵向比较主要是目标价格实施前后的比较分析，横向比较主要是分析目标价格改革对不同区域棉农行为影响因素也有所不同。同时，采用典型案例分析目标价格改革以来不同棉花生产经营主体的行为变化及其差异。

1.3.2 技术路线

本研究的技术路线如图 1-1 所示。

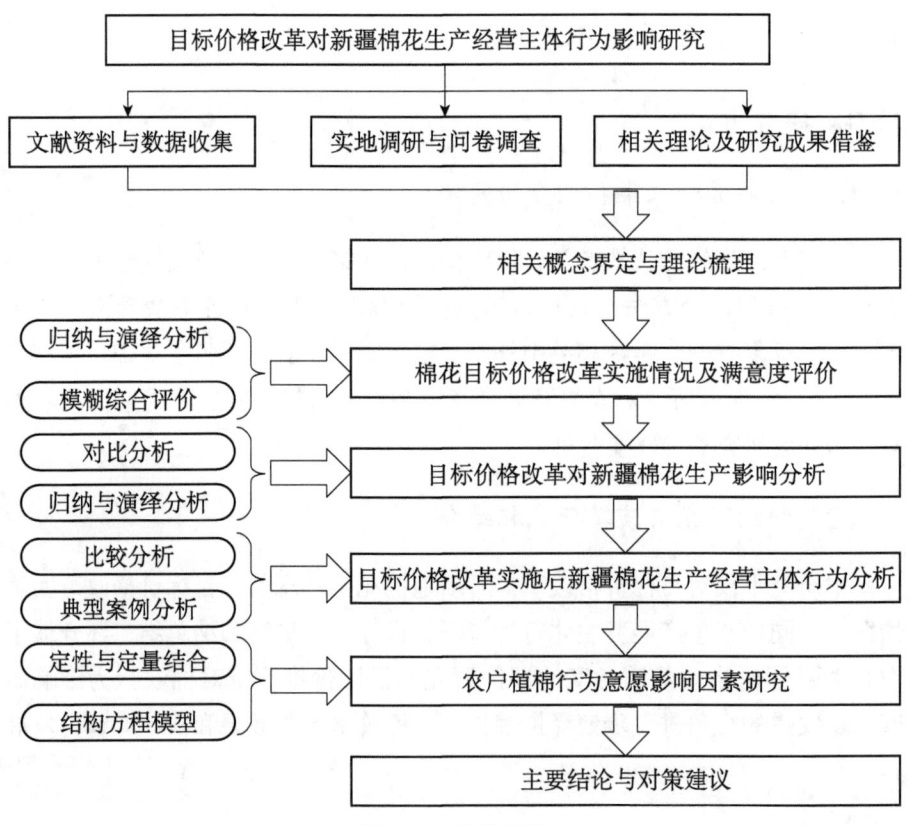

图 1-1 技术路线

1.4 研究的创新和不足

1.4.1 创新之处

1.4.1.1 研究视角的独特性

棉花目标价格改革这一重大举措，自实施以来诸多学者已从政策角度、社会角度、产业角度等宏观视角进行探讨和研究，而此项政策的实施对象是农户，农户的行为直接决定了政策的实施效果。因此本课题从微观农户的视角开展棉花目标价格改革对棉农生产行为、行为意愿影响因素实证研究，评判目标价格改革实施效果和对新疆棉花产业的影响作用。这种研究视角具有独特性，更符合经济学研究的一般规律。

1.4.1.2 研究观点的时代性

通过研究发现，目标价格改革实施以来，政策目标已初步实现，政策红利在持续释放，尤其是改革对棉花生产经营主体行为影响作用正向好发展，规模化经营、合作发展、一体化、融合化发展正在加速。但是小规模植棉户在现代棉产业发展中如何实现与之有机衔接问题，是当前新疆棉花产业发展迫切需要解决的关键问题，在课题研究中多次论述并得出这一结论，同时这一观点也是在党的十九大报告、2018年中央一号文件和新疆维吾尔自治区乡村振兴战略规划（2018—2022年）等国家和新疆的重要文件中多次提到的重大命题，具有时代性。

1.4.1.3 研究方法的多维性

本研究以棉花生产经营主体为视角，结合经济学理论和多种定量研究方法评判目标价格改革的效果。采用模糊综合评价法、层次分析法，对目标价格改革的农户满意度进行评价；建立结构方程模型分别研判目标价格改革对南北疆棉农生产行为的影响，不仅验证了计划行为理论在棉农行为意愿影响上的运用，也进一步验证了南北疆棉农行为正朝着棉花产业转型升级方向发展。因此，课题以多角度、多手段的研究方法逐层递进地开展目标价格改革实施效果和作用研究，具有新颖性。

1.4.2 不足之处

（1）文献资料和数据的局限性。课题在执行中，由于单位现有中外文文献数据库资源的局限性，对于国外相关文献的获取不够充分；在收集数据的过程中发现，目前有关新疆各地州棉花经营合作组织的规模、数量等数据相关部门没有做统计，造成课题研究中缺乏这部分数据分析做支撑。

（2）研究中仅通过农户满意度对目标价格改革试点阶段进行了评价，然而棉花目标价格改革已实施五年，仅通过满意度来评价改革的成效已经远远不够，如果建立改革对不同生产经营主体实施效果评价指标体系开展评价研究，会更有现实指导价值，这也为课题组开展下一步研究指明方向。

（3）课题负责人的学识水平有限，对基础理论知识的学习和积累还不够，因此研究的深度和广度还有拓展的空间，希望在今后的科研工作中刻苦钻研，争取长足进步。

第2章

相关理论及文献综述

2.1 相关概念及理论

2.1.1 相关概念界定

2.1.1.1 棉花目标价格改革

（1）棉花目标价格概念。棉花目标价格是指在棉花价格主要由市场形成的基础上，国家有关部门制定能够保障农民获得一定收益的目标价格，当采价期内平均市场价格低于目标价格时，国家对棉花生产者给予补贴，当市场价格高于目标价格时，不发放补贴。

（2）政策解读。制定此项政策的原则：棉花价格由市场供求形成，政府不干预市场价格；当市场价格下跌过多时，政府通过补贴保障农民基本收益，稳定棉花生产；协调平衡上下游利益，统筹利用国内资源，妥善处理好政府和市场、当前和长远、中央和地方的关系，确保改革顺利推进；做好生产、流通、储备、加工、进出口等各环节政策措施的配套衔接，保持政策平稳过渡。

开展此项改革的目标：为国家完善农产品价格形成机制摸索经验；保持新疆棉花种植面积和总产量基本稳定，保障国家棉花安全，促进新疆棉花产业发展；利用推行棉花目标价格改革试点的有利时机，进一步摸清新疆棉花生产底数，提高土地集约化利用水平，严格控制水资源过度开发，遏制非法开荒，保护生态环境；抓住棉花目标价格改革的机遇，进一步凸显新疆棉花的产地优势，加快发展新疆纺织业，吸引更多纺织企业落地新疆，在新疆创造更多的就业机会；完善财政补贴机制，提高补贴的精准性和针对性，提高财政资金使用效率。

目标价格改革试点政策的主要内容：取消棉花收储政策、对新疆棉花实行目标价格补贴、完善补贴方式，使目标价格补贴额与种植面积、交售籽棉量、种植品种等挂钩。在上述内容的完成过程中，主要的实施原则有：市场决定价格、保障基本收益、统筹兼顾和平稳过渡。

补贴对象：为全区棉花实际种植者，主要包括基本农户（含村集体机动土地承包户）和地方国有农场、司法农场、部队农场、非农公司、种植大户等各种所有制形式的棉花生产者。并且明确规定：没有经过申报、公示、审核的棉花种植面积，国家、新疆明确退耕的土地上种植的棉花面积，在未经批准开垦的土地或者在禁止开垦的土地上种植的棉花面积，不予列入补贴范围。将籽棉交售到未经授权的棉花加工企业，不予列入籽棉交售量补贴范围。

棉花目标价格补贴资金的拨付发放：分两步进行。一是采价期结束后，如果新疆市场价格低于当期公布的棉花目标价格，中央财政按照两者差价和国家统计局统计的新疆棉花产量，核定新疆补贴总额，并将补贴额一次性拨付到新疆财政。二是新疆财政根据中央财政拨付补贴资金的时间，按照核实确认的棉花实际种植面积和籽棉交售量相结合的补贴方式，逐级拨付到地方财政，以"一卡通"或其他形式将面积、产量补贴资金兑付给基本农户和农业生产经营单位。

棉花的监管与控制：推行棉花加工企业和棉花专业仓库的资格认定，除特别规定的情形外，经过资格认定的棉花加工企业须将加工好的成包皮棉按规定时间全部存入指定的新疆棉花专业监管仓库，再进行公检。引入新疆棉花专业监管仓库这个第三方监管机构，由各级农业部门牵头，以市为区域，根据当地推广的棉花品种，制定当地每吨籽棉加工皮棉出品率的合理区间，作为预防"转圈棉"（企业购买棉花后未自用而进行倒卖，特别是将棉花重新套包、打包冒充新棉交储的棉花）的重要指标，由质监（纤维检测）部门牵头定期核对加工企业皮棉产量，并与折算后的籽棉进行对账，会同相关部门不定期对棉花加工企业进行检查，对于存在问题的企业要严肃处理。对纺织企业所属的棉花加工企业加工的纺织自用棉，须在纺织企业库房进行重量检验、取样及后续仪器化公证检验。入厂公检的棉花只能自用，不能再转让销售。

实施新疆棉花目标改革试点方案，一方面保障新疆棉花种植面积稳定在一定面积的基础上向优势产区集中，提高品质；另一方面将棉花加工企业推向市场，遏制无序的资金流向棉花加工企业。棉花目标价格改革在新疆的推行，将进一步凸显新疆棉花的产地优势和品质优势，促进发展新疆纺织业，吸引更多纺织企业落地新疆，在新疆创造更多的就业机会。

2.1.1.2 棉花生产经营主体

本书涉及的棉花生产经营主体是指棉农、植棉大户和棉花合作组织。

(1) 棉农。棉农是指以家庭为单位的社会组织形式，多年以从事种植棉花作物为主的农户。本研究提及的棉农包括分散的小规模植棉农户、加入合作社的农户以及规模化生产区或生产基地的农户。

(2) 植棉大户。植棉大户是以家庭成员为主要劳动力，拥有规模化的土地，面向市场运用机械化、专业化、集约化的棉花生产技术手段和经营管理理念，并以植棉收入为家庭收入主要来源的生产经营组织。本研究将植棉规模 100 亩以上的家庭界定为植棉大户。

(3) 棉花合作组织。棉花合作组织是指以棉花规模化、集约化、专业化、标准化种植为主的合作经营组织形式，本研究中主要指植棉合作社。具体体现在：以土地流转规模化、生产技术机械化、标准化等发展为目标，使棉花种植规模呈现不断扩大和集中，实施统一供农资、统一技术、统一采收、统一销售等统一标准，使棉花生产体现出规模化、机械化、现代化的生产特点。

2.1.1.3 行为意愿

意愿是指人类的一种基本心理活动，具有主观倾向性。Ajzen 从行为学理论出发，认为在一般情况下，一定的意愿会产生相应的行为。行为意愿还受到态度、主观规范和感知行为控制的影响，并且随着其行为主体的性别、年龄、教育程度以及所处的社会和家庭环境而呈现出极大的差异。鉴于我国农户在行为决策时是由户主或长辈来决策的特点，可以认为我国农户行为特征属于个人行为，并且这一决策行为由于户主或长辈的特征而出现显著差异。本研究中的行为意愿是指以户主或长辈为领导的农户在进行植棉这一特定行为时，其是否准备采取行动的意愿或决定。

2.1.2 理论基础

2.1.2.1 行为经济学理论

行为经济学试图在心理学关于人的行为的基础上，探讨经济活动中人的各种心理活动特征对其选择或者决策的影响；不同的心理活动影响到相应的决策，从而表现出相应的行为特征，这些行为特征又通过决策后果反映到具体的经济变量中。可见，行为经济学为传统经济学研究拓宽了视野，它融入了心理学的思想和原则，使经济理论对社会现实的预期更为准确，使制定政策更为合理。

传统经济学理论中，简化了人类行为模型形成了主流经济学理论，假定人是无限理性的、完全自控、自私自利的、不动感情的；然而研究者们将心理学和经济学逐渐融合，发展成行为经济学，并且行为经济学领域的研究也多次获得诺贝尔经济学奖，这是对行为经济学的认可，也形成了非主流的经济学理论。行为经济学认为人的行为是"有限理性"的。行为经济学建立了启发式、心理账户和损失厌恶等经济决策中认知偏差的相关理论。

（1）启发式。关于人类决策问题的研究，心理学家认为决策过程和问题解决是密切联系的，问题解决借助于思维活动过程侧重于产生想法，决策侧重于从诸多想法中做出选择。启发式是凭借经验解决问题的方法，是一种思考捷径的简单而笼统的规律或策略，也被称为经验法则或拇指法则，对于农户更多用启发式解决问题，但往往根据经验和知识对事物做出判断会有一定偏差。费斯克和泰勒认为，人类是"认知吝啬鬼"，即人们总是竭力节省认知能量，尝试采用复杂问题简化的方法。例如，自动屏蔽一部分信息以减少认知负担；重复使用某些信息以避免寻求其他信息；能够接受一个不完美的选择等。但有时"认知吝啬鬼"可能会奏效，因为可以利用有限的认知加工更多信息，只是会产生误差或偏差。卡尼曼和特沃斯基在20世纪70年代早期就指出人们在不确定性世界中做判断依赖于有限的启发式，明确了3种重要的判断启发式，即代表性启发式、可得性启发式以及锚定和调整启发式。其中，代表性启发式是指人们倾向于根据样本是否代表总体来判断其出现的概率，代表性越高的样本对其判断的概率也越高；可得性启发式是指人们倾向于根据客体或事件在知觉或记忆中的可得程度来评估其相对频率，容易知觉到的或回想起的客体或事件被判定为更常出现；锚定和调整启发式是指在判断过程中，人们对于不确定数值的估计往往是基于对初始值或者起始点进行适当调整的结果。

（2）心理账户。心理账户这一概念是由芝加哥大学行为科学教授塞勒提出。他认为，除了钱包这种实际账户外，人的头脑里还存在着另一种账户——心理账户。他把现实生活中人们在金融决策时在头脑中建立的独立账户，简单考虑成这个独立账户决定的后果，而不考虑其他账户的影响。心理账户把现实中客观等价的支出或收益在心理上进行不同的划分，根据资金的来源、资金的所在和资金的用途等因素对资金进行归类，某种意义上说就是专款专用。塞勒认为，无论是个体、家庭还是企业集团，都存在心理账户。这种心理账户往往具有与经济学规律相矛盾的潜在心理运算规律，其心理记账方式与经济学、数学运算方式不同，因此经常出现非预期的资金决策，往往与理性经济法则相违背。因此，心理账户行为有时会产生额外成本，有时也会帮助我们理财和保护长期储蓄，同时帮助我们使用参考点做出决策，去评价我们是否做了一个好交易。可见，心理账户是人们在心理上对结果的编码、分类和估价的过程，它揭示了人们在进行资金决策时的心理认知过程。

（3）损失厌恶。卡尼曼和特沃斯基（1979）通过实验得出结论：人们的动机主要是规避损失，而不是厌恶风险，人们厌恶的是损失，损失与收获相比总显得更突出，让人感受更强烈。损失厌恶是指人们面对同样数量的收益和损失时，感到损失令他们产生更大的情绪影响。他们还发现：同量的损失带来的负效用为同量收益的正效用的 2.5 倍。损失厌恶反映了人们的风险偏好不是一致的，当收益时人们表现为风险厌恶；当损失时，人们表现为风险寻求。

禀赋效应是与损失厌恶相关联的现象。许多决策是对两种方案的选择，而且对损失的负面感受要比对同样的收益正向感受更强烈，所以对于收益还是损失依赖于参考点的定位。放弃现状，体验就是损失；得到同样的，体验就是收益。因此，认为将现状视为参考点，损失比盈利更让人难以忍受，通常决策者选择维持现状。人们不愿意放弃现状的事实被称为"禀赋效应"，也称作"拥有效用"，即人们更愿意坚持自己已有的东西而不愿意与别人交易换得更好的替代品，因为放弃的痛苦程度远远大于得到的喜悦程度。

2.1.2.2　行为意愿理论

（1）理性行为理论（Theory of Reasoned Action，TRA）。理性行为理论是由美国学者 Fishbein 和 Ajzen（1975，1980）在态度理论和态度行为研究的基础上共同提出的。该理论属于社会心理学范畴，是用来研究人的各种有意识的行为，可用于解释态度对行为、行为意愿产生的影响研究，它重视态度在认知基础上的形成过程。理论被广泛运用于不同的领域，并在预测和解释人的行为影响因素中得到了很好的效果。因此，该理论成为研究人类行为方面最基础的理论之一。理性行为理论认为，不同行为主体的行为由其行为意向影响，行为意向由个人的态度和主观规范共同决定。在该理论中，行为意向是测量个人意愿欲意执行某一行为的程度，它能够直接导致行为的发生。态度是人在执行某一行为的过程中，所体现出的积极或者消极感受，它由个体对执行某一行为产生的后果和可能产生结果的信念所决定；主观规范是由对个体或组织的预期信念和遵守这些预期的愿望程度所决定的，当个人在决定是否执行某项行为时，所感受到来自社会各方的压力。理性行为理论各行为变量关系如图 2-1 所示。

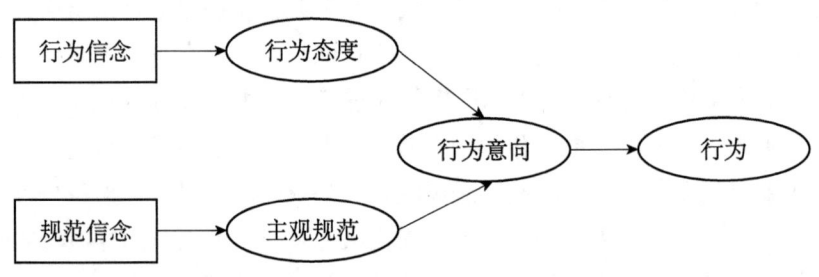

图 2-1　理性行为理论架构（资料来源：Fisherbein & Ajzen，1975）

理性行为理论的基本假设认为，人在执行或实施某种行为前，已根据各种信息判断该行为的意义如何，是具有理性的。其中，通过态度和主观规范对行为意向产生影响，Fishbein 和 Ajzen 认为态度和主观规范对行为的影响并非同样重要。因此，理性行为理论只能在特定的条件下运用，如果要解释不完全由个人意志力控制的行为，该理论还是不完善的，就不能很好地解释和预测个人行为意向和行为。例如，在执行某项行为之前意图的改变或者行为规范在环境、目标、时限以及特征等方面表现不一致时，个人就无法按照自己的意向去决定，这表明理性行为理论还存在局限性。

（2）计划行为理论（Theory of Planned Behavior，TPB）。在理性行为理论的基础上，计划行为理论主要添加了知觉行为控制变量。Ajzen（1985）在理性行为理论的基础上增加了知觉行为控制这一变量，有效地弥补了理性行为理论在非自愿行为方面预测行为意愿和实际行为的不足。迄今为止，计划行为理论已在心理学领域被广泛应用，而且成为解释和预测行为意愿有效的理论模型。

计划行为理论主要由 5 个重要要素构成：①态度（Attitude）指人对某项行为持有的一种正面或负面态度。态度的构成成分被看作行为人对该项行为所造成的结果持有的显著信念的函数。②主观规范（Subjvtive Norm）指行为人在决定是否执行某种行为的时候，自身体会到的社会压力，以及能给行为人最终决策做出重要影响的团体或者个人对行为人是否采取某项行为所带来的影响和作用大小程度。③知觉行为控制（Perceived Behavioral Control）指个人对自己是否有能力执行某种行为的感知。如果个人觉得自身所拥有的社会资源和机会足够多、所面临的预期阻碍就会越小，那么行为人对某项行为的知觉行为控制力越强；如果个人觉得实施某项行为存在的阻碍和压力很大，即使态度上足够积极，并且也很好地得到其他人或组织的支持，也不会有强烈的行为意愿。由此可知，知觉行为控制可以直接对行为意愿产生影响，而并不是通过态度和主观规范对行为意愿间接产生影响。同时，知觉行为控制也可直接对行为产生影响。④行为意向（Behavior Intention）指判定行为人主观意愿上采取某种行为的概率，具体体现在个人对于某种行为的执行意愿。⑤行为（Behavior）指行为人在实际中采取或者执行某种行为的行为。各要素之间关系如图2-2所示。

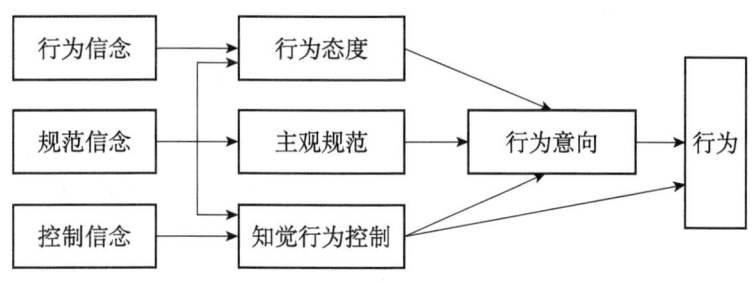

图2-2　计划行为理论架构（资料来源：Ajzen，1985）

计划行为理论的主要观点是：第一，除了行为意向的影响之外，行为人某种行为的执行能力、机会和资源等现实条件会对非个人意志完全控制行为产生制约作用，在现实条件充分的情况下，行为受到行为意向的直接决定。第二，行为态度、知觉行为控制和主观规范是行为意愿的主要决定变量。态度较为积极的，会容易得到他人的支持，知觉行为控制也会更强，即行为意向就越大，反之就会越小。第三，由于受到特定时间和环境的限制，个体中大量关于行为的信念仅仅只有少量被获取，这些被称为突显信念，其认知和情绪基础被视为行为态度、知觉行为控制和主观规范。第四，从概念上可以完全区分行为态度、知觉行为控制和主观规范，但是由于三者间存在相同的信念基础，所以它们彼此独立，但又共同促使产生行为意愿并实施行为。第五，个人的年龄、性别、智力、人格、文化背景以及社会经验等因素通过其对行为信念的影响对行为态度、知觉行为控制和主观规范产生间接影响，最终影响到行为和行为意向。

2.1.2.3　农户行为理论

农户行为是行为的一种具体体现形式，因具有行为的一般属性，所以农户行为研究首先具有行为科学的一般性，可遵循一般行为研究的范式；但是农户行为所面临的约束条件有所不同，相对于其他行业来说，农户行为研究具有自身的特殊性。由此可见，农户行为理论研究借鉴的理论基础不但要参考行为经济学相关理论，而且也要借鉴农户研究相关理论。

在传统经济学理论框架下，通常假设人的行为是完全理性的、自私的，以追求最大化效用为行为目标，即认为人自身不存在一切非理性行为。但是行为经济学理论却认为，人类行为所追求的目标远远不止这些。在更多的时候，他们会更加关注公平公正、互惠和社会地位等非物质层面的目标。传统经济学的核心概念是"经济人"，概念只是根据"经济人"所处的经济环境和条件而提出的，并没有根据现实人的特点去分析人的行为和动机。古典和新古典经济学中关于"经济人"的概念在面对现实生活中一些经济现象的时候，其解释还很不充分。

农户在分散经营状态下的生产行为选择，主要受农户行为选择时的约束条件制约，主要有主观和客观条件两个方面。其中，主观条件主要表现在农户需求方面，包括生存和发展两方面内容；客观条件为外部条件，主要由自然因素、政策因素和市场因素构成。当客观条件确定时，农户会做出行为选择并且采取一系列行动。农户的生产行为选择是为了达到一定目标，为了达到目标，农户会采取一系列的行为。因此，农户行为的动机就是约束条件下的目标，这一动机受到主观条件和客观条件的制约，从而形成农户行为循环过程，如图2-3所示。

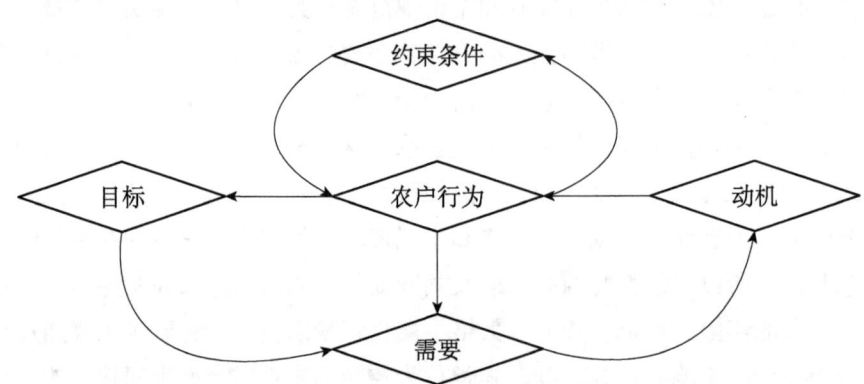

图2-3 农户的行为循环（资料来源：刘清娟，2012）

农户行为循环过程反映了行为科学的一般原理，人的行为受到某种动机的驱使，动机的产生来源于人的某种特定需要。人的行为产生于动机，通过行为来达到某个目标。当目标达成时，就会产生新的需求，激发新的动机，随之就会采取新行动，达成新目标，循环往复。在这一行为循环过程中，往往会受到外部条件的制约。与此同时，人的行为本身也会改善外部条件，从而达到自身的目标并且满足自己。综上所述，农户在一定的制度条件、自然条件和市场条件下从事农业生产活动时，其生产和生活需求的实现都会受到外部条件的制约。为了使需要所生产的欲望能够得到满足（需要生产欲望，需求是由购买力支持的能够实现的愿望），欲望激发了农户的动机，而动机又是农户行为选择的核心要素，所以正是动机影响了农户的生产经营行为，从而实现农户的某一特定目标。农户在实现目标的过程中，包含了对外部条件的改进和利用。

农户在进行生产决策时，考虑的首要目标就是实现最大限度地满足自身家庭需要，或者追求利润最大化和风险最小化的权衡。从已有文献来看，比较典型的农户行为理论主要形成了三大学派，分别是理性小农学派、组织与生产学派和历史学派。

一是以美国经济学家舒尔茨为代表的理性小农学派。该学派认为在传统农业部门中，小农具有理性思维，他们与资本主义企业一样，在特定的资源和技术条件的约束下追求利润最大化。他们对价格和生产要素的配置行为符合帕累托最优原则。假定在完善的市场条件下，农户的生产要素配置和生产经营决策行为是完全理性的，因此在传统农业中会较少出现要素配置效率低的现象（舒尔茨，1964）。除此之外，该学派在假定农户完全理性的基础上，对农户贫困的根源进行了探讨。加里·贝克尔从理论和方法上对该学派的思想进行了总结和完善。

二是以苏联社会学家恰雅诺夫（1996）为代表的组织与生产学派。该学派主要从社会学角度出发去分析农户的经济行为，认为农户生产的主要目的是满足家庭本身的需求而不考虑市场的需求，在生产的过程中不雇用劳动力，仅依靠家庭成员进行生产活动。所以，农户在追求最大化问题上，选择的是满足自身消费需求和劳动辛苦程度之间的平衡，此时农户的行为决策达到了最优。因此，农户生产经营行为的目标是避免风险，而不是追求市场利润。这一学派的观点比较适用于研究市场经济不发达的发展中国家农户生产经营决策。

三是以黄宗智（1986）为代表的历史学派。学者运用"内卷化"理论来阐述中国小农的经济逻辑。该学派认为即使是在劳动边际报酬非常低下的情况下，农户还是会继续投入生产力。出现这种情况的原因可能是农户对于边际报酬没有概念，缺乏此方面的意识。受到有限的耕地面积的制约，导致家庭劳动力剩余过多，再加上非农劳动力就业机会的缺乏，使得劳动力的机会成本几乎为零。该学派在研究新中国成立前中国农业的发展历程之后，得出了相关结论，这一时期的中国农业是"毫无发展的增长"和"过密型的商品化"。此外，Ellis（1988）在 *Peasant Economics* 一书中对农户的定义是：农户是主要利用家庭成员的劳动来从事生产活动，并且以此作为经济来源的居民。其特点是部分参与不成熟的投入要素和产出市场。这一观点进一步将农户理性置之于"有条件"最大化这一前提下。

2.2 国内外文献综述

2.2.1 有关棉花补贴政策研究

国外对棉花补贴政策的研究主要集中在政策效果分析、补贴分配效应等方面。OECD（Organization for Economic Cooperation and Development）通过建立政策估计模型（Policy Evaluation Model，PEM），分析了实施棉花补贴政策产生的经济效应。得出的结论是，补贴棉花生产的要素投入对棉花生产的效果很小；Edwin Young 等（2000）研究发现，自美国实施农业保险以后，棉花种植面积和产量都有所提高，增加了农民的收入；Joe Dewbre 等（2001）通过对 OECD 成员国的棉花政策的研究，发现土地补贴是所有补贴中对贸易的扭曲程度最小、收入转移效率最高；Guven（2013）发现农业保险补贴能够显著提高土耳其棉花生产的技术效率；Solaymani（2013）利用一般均衡模型研究了补贴政策改革对马来西亚社会福利的影响，发现取消补贴会导致农户收入和消费减少；Grigorios Emvalomatis 等（2008）认为农业脱钩补贴会从两个方面对希腊棉花产量和技术效率产生负效应。首先，补贴的资源配置效应使得部分植棉要素（如土地、肥料等）转投至其他经济作物的生产上去，造成棉花产量下降；其次，补贴使农户的收入来源增加，导致农户生产努力程度下降，而这又是影响棉花生产技术效率的主要因素。此外，还有一些经济学家分析了国外棉花补贴对我国棉花产业的影响。例如，Stephen MacDonald（2004）研究得出取消 MFA 将会增加我国的服装进出口，而且我国的棉花生产与消费、纺织品生产和进口等都会增加；Fang 和 Babcok（2003）对取消配额进行预测，认为我国纺织品的生产会上升 25% 左右，而且中国的棉花进口贸易也将会增加；Solvig Topping（2008）认为 2006 年中国棉花的种植面积没有减少反而增长，而 2008 年中国是否增加棉花的种植面积与 2007 年棉花收益和其他的相关农产品收益是息息相关的。

近年来，国内对于棉花补贴政策的研究归纳起来主要涉及两个方面的内容，一是围绕棉花目标价格改革实施过程中成效、存在的问题及政策建议方面的理论分析；二是目标价格改革对棉花产业影响的研究。

有关针对棉花目标价格政策本身分析并探讨其作用意义、存在问题、取得成效等方面的研究。王彦发（2018）在充分调研的基础上，梳理新疆棉花目标价格实施背景、实施现状和新疆棉花生产状况，探讨棉花目标价格补贴试点成效及存在问题，提出优化新疆棉花目标价格补贴试点的建议与措施。柯柄生（2018）对保护价收购政策、脱钩补贴政策和目标价格补贴政策进行对比分析，发现国家在新疆地区实现棉花目标价格政策的试点工作，对棉花市场定价、供求关系、抑制棉花进口方面起到了非常积极的作用。唯一的不利之处是难以确定对农户的补贴力度，具体操作难度较大。王博（2017）认为新疆实行的棉花目标价格补贴政策，对于提高特种棉花播种面积、改善棉花种植结构和提高棉花质量具有一定促进作用。但在实施的过程中也存在一些问题，如棉农收益下降、生产环节补贴少等，针对这些问题提出政策改进建议，如确保目标价格确定的合理性、加大政策宣传力度等。秦中春（2016）指出引入农产品目标价格制度是一种带有开创性的新型农业支持保护制度，与过去的农产品价格支持制度和农业补贴制度有所不同，在我国农业支持政策体系建设中具有重要意义。黄季焜（2015）指出棉花目标价格改革试点完善了棉花价格形成机制，保护了试点区棉农的利益，稳定了新疆棉花生产，基本达到了预期改革目标。但是，研究也发现，目前的棉花目标价格改革试点存在财政成本和风险巨大；政策执行成本高昂；影响地方政府的日常中心工作；容易滋生腐败现象和引发社会不稳定等许多问题。杜珉（2015）先后在分析新疆棉花生产情况的基础上，探讨了棉花目标价格补贴政策试点的总体思路、关键问题及建议。程广燕（2015）在分析我国棉花产业发展现状以及存在问题的基础上，借鉴了美国棉花生产支持政策，提出了以目标价格为核心的棉花产业发展政策和建议。田立文（2015）通过对新疆阿瓦提县进行实地调研，发现实施的补贴政策对新疆棉花发展的促进和提高棉农收入的作用是肯定的。但是政策实施的过程中存在一些问题，如政策程序复杂、补贴操作难等。因此建议简化程序，补贴资金提前发放，构建完整目标价格补贴体系。

有关棉花目标价格改革对棉花产业带来的影响研究。鲍勇和姚升等（2018）在阐述棉花目标价格政策内容的基础上，以棉花产业链为视角分析棉花目标价格补贴政策对棉花加工企业和棉纺织企业的影响,研究发现,棉花目标价格补贴政策的实施对棉花加工和纺织企业的转型升级、加速棉花产业链整合起到了促进作用,并且建议继续实施棉花目标价格补贴政策。李向天(2017)通过对棉花目标价格补贴政策进行机理分析,发现该政策的实施,发挥了市场在资源配置中的决定作用。棉花目标价格补贴政策的实施,对棉花产业链上中下游产生了不同的影响。在产业链上游,增加了棉农和棉加工企业的稳定性;在产业链中游,降低了棉纱价格;在产业链下游,对新疆棉纺织贸易产生一定的影响。张瑞梅(2017)从定性和定量两个角度分析了棉花目标价格改革对新疆棉花产业的影响,发现棉花目标价格改革以来成效显著,能够有效改善棉花价格倒钩问题,降低国内棉花进口量,提升棉花内在品质,促进新疆棉花种植结构的调整。但在改革进程中也存在种植面积统计工作繁复、补贴方式陷入两难、入库公检程序烦琐等问题。毛德敏(2016)指出目标价格改革背景下制约新疆棉花种植业发展的主要瓶颈是棉花种植成本逐年上升,棉农收益下降;"以贷养棉,以棉还贷",资金缺口进一步扩大;棉花生产补贴水平低,政策支持力度较弱;棉花种植品种繁多,品质低下。加治堂(2015)指出棉花补贴政策对新疆棉花产业发展的影响主要是保障棉农收益,稳定棉花生产;发挥市场机制配置资源的作用,优化棉花种植结构;促进国内外棉价"接轨",促进纺织行业发展。温波(2015)指出棉花目标价格改革政策对新疆棉花产业影响有:保障了棉农收益,纺织企业迎来利好,同时使得新疆棉花加工企业经营效益并不乐观,棉企以及棉农信贷资金投放和回笼节奏变慢等。李雪源(2015)以国内外棉花市场政策和新疆棉花目标价格制度改革为背景,从生产、市场、企业、产业经济等不同的角度分析了目标价格改革对棉花产业的影响,并提出了相应完善目标价格改革试点的建议。李哲敏(2014)研究发现,自2014年棉花目标价格改革试点工作全面启动以来,在不同的方面起到促进作用。在生产方面,全国棉花种植结构日趋合理,新疆棉花种植优势明显,棉花市场价格形成机制初步建立,棉农利益得到了保护;在市场需求影响方面,棉花价格逐步回归市场,国内外棉价差显著缩小,棉纺织企业经营状况趋于好转,棉花产业正在转型升级,但棉花市场整体需求不旺。

2.2.2 有关农业政策满意度评价研究

近年来有关大豆目标价格补贴、棉花目标价格改革等农业补贴政策满意度方面，已有学者开展了相关研究。柳苏芸（2017）通过对大豆目标价格政策改革周期各环节农民的满意度进行分析，发现农户对于目标价格政策制定和公开、政策内容宣传、种植面积核查环节满意度较高，但是对于市场价格采集情况和补贴资金兑付环节持不满意态度。阿莉亚·马克甫（2018）以新疆沙湾县农户为调研对象，调查发现棉花目标价格补贴政策虽然激发了棉农的种植积极性，但在实施中也存在一些问题，大部分农户对于补贴政策持一般的满意程度。韩冰（2017）以棉花目标价格政策为研究对象，基于信息管理的视角，发现政策试点棉区农户对目标价格补贴政策满意度很高，目标价格政策对于稳定政策试点区棉花生产起到重要作用。研究还发现，政策设计水平、配套设施是否完善和补贴方法方式是决定农户对政策满意度的重要因素。王萍（2016）在对黑龙江农民进行大豆目标价格政策问卷调查中，评价了农民对政策的满意度，发现农民对大豆目标价格补贴政策总体满意度呈现中下水平，其中对补贴三要素和收益对比方面的满意度较低。樊桥迎（2016）采用优劣解法对石河子镇棉花目标价格补贴政策的实施情况进行评价，根据障碍度模型，找出影响该政策绩效的主要因素。有关采用模糊综合评价法对满意度评价的研究主要针对扶贫满意度、顾客满意度、惠农政策、良种补贴等方面进行评价。其中，王文豪（2017）采用模糊综合评价理论对昌吉地区17项惠农政策的农户满意度进行测度，并对惠农政策在昌吉地区的重要程度进行优劣势分析；李娟（2016）采用层次分析法对反映棉花良种补贴政策绩效水平的各指标进行分析，根据权重再运用模糊综合评价法对石河子垦区棉花良种补贴政策实施绩效进行评价，研究表明石河子垦区棉花良种补贴政策实施绩效总体上处于良好与中等之间。但是，将模糊综合评价法用于评价棉花目标价格改革农户满意度的研究，未见相关文献报道。

2.2.3 有关补贴政策对农户行为影响研究

国外有关补贴政策对农户生产行为的影响研究主要集中在：Holden（2013）发现补贴发放时间不同，对农户生产要素投入的激励程度也不同；Vercammen（2007）利用随机动态规划模型来研究政府直接补贴政策对农户生产投资的影响，得出不管农户具有何种风险意识，农户投资生产的意愿都能很好地被政府补贴政策所带动；Mcintosh等（2007）研究农户在CCP（反周期支付政策）、不存在CCP政策和基于基础种植面积适时调整下CCP政策等3种不同扶持政策下的种植行为，研究表明得到保护和支持的农作物品种更能吸引农户的生产意向；Sckokai and Moro（2006）在风险厌恶视角下，通过建立直接补贴与生产模型，认为政府的直接补贴能有效地使农户增加投资；Jesus Anton 和 Chantal Le Mouel（2004）认为，与生产脱钩的补贴政策降低了农户的经营风险，生产激励效应很好地显现出来，尤其是提高了风险规避型生产者的收入水平；Hennessy（1998）研究发现直接补贴政策很好地减少了具有风险规避倾向的农户的收入变动，良好的财富效应和风险保障效应激励农户增加投资，扩大生产规模的实力和信心得到增强；Mishra 和 Goodwin（1997）以 Kansas 地区农民为研究对象，调查发现政府给予了农民较多的农业补贴，且获得农民满意，如果农民获得了政府足够多的农业补贴，他们会有意向降低参与非农就业机会的程度。但是，政府补贴等支持性政策的减少又会重新寻找更多机会从事与农业生产无关的非农就业，来增加家庭收入。

国内有关补贴政策对农户生产行为影响的研究主要涉及退耕还林补贴、农业保险、有机肥补贴、大豆目标价格补贴等惠农政策对农户生产行为影响的研究。其中，有关棉花目标价格改革对棉农生产决策影响研究，已有学者开展了相关研究，主要运用调查数据、建立模型并进行实证分析。姚升（2017）研究指出内地棉花目标价格补贴政策对棉农生产决策行为具有正向的影响，有助于棉农分配更多的土地用于棉花的种植，在激励棉农扩大种植面积方面的政策效应较为显著；王力（2017）指出目标价格补贴政策对棉农的种植意愿影响表现在棉农在目标价格政策实施以后更加关注棉花政策，并可依据政策调整棉花的种植；同时棉农家庭务农人数、植棉亩均成本、棉花亩均产量、植棉亩均收入以及目标价格预期对棉农的棉花种植意愿有显著影响；常江（2016）分析指出目标价格对棉农生产决策影响，可以稳定和提高棉花产出，但对于普通农户的收入影响却不大；王利荣（2015）指出价格是影响棉农种植决策的重要依据。

以计划行为理论为基础开展农户行为决策的研究，国内已有诸多学者实践，但未见将计划行为理论和结构方程模型（SEM）用于开展棉花目标价格改革对农户生产行为影响研究的文献报道。侯博（2015）研究了农户的低碳生产行为。结果表明，行为态度、主观规范和知觉行为控制交互影响农户的低碳生产意向，且低碳生产意向对农户的低碳生产行为有显著的正相关；项朝阳（2014）以计划行为理论为依据，加入种植习惯变量，构建了农户安全蔬菜种植意愿模型。结果显示，种植态度、主观规范、知觉行为控制和种植习惯对农户安全蔬菜的种植意愿具有显著正向影响，种植态度在主观规范和种植习惯与种植意愿之间的关系中具有部分中介作用。周利平（2014）基于计划行为理论，构建了影响农户参与用水协会行为因素的理论分析框架，实证分析了影响农户参与用水协会行为因素。结果表明，主观规范、行为控制认知显著正向影响农户参与用水协会的意向，而行为态度对农户参与用水协会的意向影响不显著。南灵（2013）通过在 TPB 模型中加入道德责任变量对我国农户耕地保护行为意向开展研究。结果表明，所有农户的道德责任变量为主要激励因子；其次优等地组受到了主观规范的影响，而中等地组受到了行为态度和主观规范的影响，劣等地组受到了行为态度和感知行为控制的影响。殷志扬（2012）采用计划行为理论解释了农户土地流转意愿；农户土地流转行为态度的形成更多的是基于对自己收益情况的判断；农户在进行土地流转决策时，更多地是参考村里有名望人的意见建议；农户对土地政策了解的程度决定其对土地流转这一行为的控制力。姚增福（2010）基于 TPB 理论和黑龙江省 378 户微观调查数据，利用因子分析和结构方程模型，系统分析了影响种植大户生产行为意愿的内生性因素。

综上所述，本课题在借鉴相关理论的基础上开展目标价格改革对新疆棉花生产经营主体行为意愿影响的研究，其中许多学者已针对该政策本身和对棉花产业影响从宏观层面做了大量研究，但从微观层面采用模糊综合评价法对农户满意度进行评价，将计划行为理论和结构方程模型用于开展棉花目标价格改革对农户生产行为影响的研究尚未见相关文献报道。

第3章

棉花目标价格改革实施情况及满意度评价

自 2014 年棉花目标价格改革试点工作在新疆正式启动以来，已实施两轮改革（第一轮 2014—2016 年，第二轮 2017—2019 年）。棉花目标价格改革试点完善了棉花价格形成机制，保护了试点区棉农的利益，促进了新疆棉花生产，基本达到了预期改革目标，棉农的满意程度尚可，并取得一定经验和成果。目前棉花目标价格改革已由起初的试点到继续探索阶段，由不断完善政策本身到探索新的补贴机制，为下一阶段继续深化改革、完善改革配套措施奠定了基础。

3.1 我国棉花扶持政策梳理（改革开放以来）

棉花是仅次于粮食的第二大农作物，国家对棉花生产一直予以高度重视，特别在 1978 年农村经济体制改革之后，国家相继出台了旨在鼓励棉花生产、增加棉花产量、提高棉花品质等一系列棉花生产扶持政策，并配套了相应项目扶持资金。这一阶段正是中国经济由计划经济体制向市场经济体制转变时期，也是近 30 年中国棉花生产向新疆集中市场力量作用的结果。

改革开放初期，政府对棉花生产、流通、经营和消费仍实行高度统一、计划管理；国家规定从当年新棉上市起，在全国范围内对棉花实行计划管理，取消私商棉贩和公私合营纱厂联合购棉处，棉花收购工作统一由花纱布公司办理，并委托供销社代理收购业务，由供销社统一收购、统一销售。各纺织企业通过当地的棉麻公司申报计划购买所需棉花，并实行国家统一制定的棉花价格，没有地区和季节差价。

20 世纪 80 年代中期，国家规定棉花取消统购，改为合同订购，订购的棉花按国家规定的价格由供销社收购，订购外的棉花允许农民上市销售。棉花取消统购，改为合同订购，有利于稳定棉花生产，防止大起大落。农民也有了一定的棉花经营自主权，有机会直接参与市场交易，既繁荣了市场，又增加了收入。1986年和1987年，国务院进一步严格了棉花的计划管理，规定在全国棉花合同定购任务完成前，不开放棉花市场，已经开放的一律关闭，除受国家委托承担棉花收购、加工、储存和调拨供应任务的供销合作社及其所属的棉花经营单位外，其他任何部门、单位和个人不得插手收购、贩卖棉花。1988年，国家决定对省、自治区、直辖市实行棉花超定购分成办法，即超过国家定购任务部分三七分成，上交国家30%、地方自留70%。1989年决定在提高棉花收购价格的基础上，在棉花销售环节实行调入调出包干制，一定三年不变；同时继续实行由供销社统一收购、统一经营，不搞市场、价格双轨制的政策。1994年棉花购销体制仍然实行由国家统一定价，由供销社统一经营，不放开市场，不放开价格，不放开经营。

1999年，逐步建立国家宏观调控下市场形成棉花价格的机制。国务院出台《关于深化棉花流通体制改革的决定》（国〔1998〕42号）指出，逐步建立起在国家宏观调控下，主要依靠市场机制实现棉花资源合理配置的新体制。从1999年起，国家主要通过储备、进出口调节等经济手段调控棉花市场，防止棉花价格的大起大落。

2001年，加入WTO后实行新的棉花市场准入政策。根据入市承诺，我国扩大棉花市场接入，承诺实施关税配额管理，对配额内部分进口实行低关税。同时，国家进一步明确指出，棉花流通企业尚未真正成为自主经营、自负盈亏的经营实体；多渠道有序竞争的市场格局尚未形成；市场监管不严，棉花质量得不到保证；宏观调控机制不够完善等，进而提出了棉花流通体制改革的政策与措施。至此，中国棉花流通体制改革出现了实质性、突破性的进展，棉花经营、市场和价格实现完全放开。

2006—2008年，为解决卖棉难问题，国家在新疆、内地收储国储棉。

2007年，棉花开始实施良种补贴。为解决棉花普遍存在的品种"多、乱、杂"、商品棉一致性差的现象，中央财政决定对运往内地销区的新疆棉的移库费用给予适当补贴。符合国家补贴标准的出疆棉，不分品级和长度，中央财政每吨定额补贴400元。"十二五"期间，中央财政继续实施出疆棉（含棉纱）财政补贴政策，补贴标准由每吨400元提高到500元，同时将出疆棉布也纳入补贴范围，补贴标准暂定每吨500元。2012年度起，国家开始对新疆公路出疆棉花给予运费补贴，同样为每吨500元。多种运输补贴的实施，对带动新疆棉花及棉纺织品的销售发挥了积极作用。

2011年国家决定实行棉花临时收储预案，到2012年、2013年持续三年收储。三年的临时收储价分别为19 800元/吨、20 400元/吨、20 400元/

吨，实际入库量分别为323万吨、662万吨、658万吨，累计收储1 600余万吨。国内生产的皮棉大部分进入储备环节，市场流通量少，纺织企业采购使用以进口棉和抛储棉为主。2014年开始抛储备棉。这表明储备政策起到了蓄水池的宏观调控作用，但是棉价波幅低于国际市场的50%，造成国内外棉价倒挂，国储财政负担加重，商品棉失去交易活力，成交量下降，市场机制弱化，棉农和棉企交易失去了重要的市场渠道和风险控制渠道。在这种情况下，现行价格调控政策面临"两难"局面：继续提高托市收购价格，必然进一步加大进口压力，政府收储数量会大幅增加，财政负担将越来越重；如果继续压低收购价格，势必影响农民积极性和国内生产，使自给率下降。

2014年，国家决定在新疆启动棉花目标价格改革试点工作。4月5日，国家发改委、财政部、农业部联合发布棉花目标价格为19 800元/吨。目标价格政策是在市场形成农产品价格的基础上，通过差价补贴保护生产者利益的一项农业支持政策。实行之后，取消临时收储政策，生产者按市场价格出售棉花。当市场价格低于目标价格时，国家根据二者价差和种植面积、产量或销售量等因素，对试点地区生产者给予补贴。

3.2 棉花目标价格改革实施情况

截至2019年，棉花目标价格改革实施两轮。2014—2016年为第一轮改革试点阶段，2017—2019年为第二轮改革探索阶段。改革实施以来逐步推进，不断完善，取得了重要成果，积累了丰富经验，形成了鲜明特色，对新疆棉花产业产生了一定影响作用，对棉花供给侧结构性改革具有促进作用，但是改革的制定和实施中诸多环节存在不足。从2020年开始将要实施第三轮改革，是深化改革阶段，目标价格改革已经从短期应急走向长期平稳，到了一个新的重要节点，即将面临新形势、新任务。

3.2.1 改革实施整体情况（2014—2018年）

棉花目标价格改革试点补贴工作是党的十八届四中全会以后，新疆承担的国家层面的重大改革之一，是中央理顺农产品价格形成机制、发挥市场配置资源作用的重大举措。新疆成立棉花目标价格改革试点工作领导小组，2014—2016年，三年试点期间领导小组推动制定了非常严密而完整的方案并协调推进实施。2017年，已经开始实施第二轮，继续组织推动改革进行。目前新疆棉花目标价格改革试点工作总体进展顺利，以市场供需为基础的市场形成价格机制已效果初显；农业补贴机制得到创新，植棉户逐步接受新的补贴方式；多层面的市场关系更加紧密，棉花产业链健康发展；市场环境进一步改善，棉花质量有所回升。

（1）2014—2016年，改革试点期新疆各级政府相关部门积极开展并逐步完善了政策宣传以及棉花种植面积的申报、核实和审定工作，建立了棉花种植信息档案、籽棉交售流程、在库公检等工作。

棉花目标价格改革政策宣传工作，以多种形式宣传到村。通过结合当地实际情况，认真研究制定宣传方案，采取广播、电视、网络、手机、明白卡、口袋书宣传手册、乡村大喇叭以及驻村工作组入户宣传等方式，用群众听得懂的语言，进行广泛宣传。在新棉集中上市期，各地、各有关部门在总结前期宣传工作经验的基础上，深入研究部署棉花目标价格改革政策宣传工作，不仅加强了对政策进村入户宣传解读工作落实情况的督导检查，而且扩大宣传效果，确保宣传到位，使农户对政策内容更加了解，基本做到了各项政策措施人人皆知、人人明了。

为准确核实全区棉花种植面积，做好棉花目标价格改革试点工作，新疆棉花种植面积统计核实工作制定了实施方案。阿克苏地区、喀什地区、克孜勒苏柯尔克孜自治州（全书简称克州）、和田地区（以下简称南疆四地州）实行基本农户（农业生产经营单位）申报，村级全面核查，乡（镇）、县（市、区）复查，地（州、市）、自治区联合抽检核查；其他地（州、市）实行基本农户（农业生产经营单位）申报，村、乡（镇）、县（市、区）、地（州、市）、自治区随机抽查的原则。

为了确保补贴的"公正、精准、透明"，精确统计新疆棉花产量，维护新疆棉花质量的公信度，根据国务院批准的《棉花质量检验体制改革方案》以及新疆维吾尔自治区人民政府制定的《新疆棉花目标价格试点工作实施方案》（以下简称《实施方案》）的规定，为保证棉花专业仓储和在库公检制度的顺利实行，新疆维吾尔自治区发展改革委、质监局等部门积极配合，及时对全区棉花加工、收购企业进行了资质认证并向社会公示。针对前期棉花专业监管仓库区域布局不够合理、仓库稍显不足的情况，新疆维吾尔自治区及时优化专业仓库布局。同时，为规范专业监管仓库收费，新疆维吾尔自治区发展改革委牵头制定了新疆棉花专业监管仓库收费标准，实行最高限价，按分时间段进行包干，杜绝了自立项目、超标准、超范围或未提供服务收费的情况发生。另外，为确保棉花入库公检效率，做到"随到随检"，有力保障了棉花入库初验和棉花公证检验工作的有序开展。

（2）目标价格改革政策实施几年间，汲取经验，逐渐完善和改进，2017—2019年不断探索改革新路，启动了补贴与质量挂钩，棉花"价格保险+期货"的试点。

从目标价格补贴标准看，2014年，经国务院批准，国家发展改革委、财政部、农业部联合发布棉花目标价格为每吨19 800元；2015年，中央一号文件要求总结新疆棉花、东北和内蒙古大豆目标价格改革试点经验，完善补贴方式，降低操作成本，确保补贴资金及时足额兑现到农户，经国务院批准，国家发展改革委发布新疆棉花目标价格水平为每吨19 100元；2016年，国家继续在新疆实施棉花目标价格改革试点。综合考虑棉花市场供求、生产成本收益等因素，经国务院批准，国家发改委发布新疆棉花目标价格水平为每吨18 600元；2017—2019年棉花目标价格保持在18 600元/吨，由试点期间的"一年一定"改为"三年一定"。

从补贴对象看，2014年，政策规定目标价格补贴对象是全区棉花实际种植者，主要包括：基本农户（含村集体机动土地承包户）和地方国有农场、司法农场、部队农场、非农公司、种植大户等各种所有制形式的棉花生产者；2015—2017年，交售量部分补贴对象不变，面积部分补贴对象仅为南疆四地州基本农户。

从补贴方式看，2014年，按照核实确认的棉花实际种植面积和籽棉交售量相结合的补贴方式，中央补贴资金的60%按面积补贴，40%按实际籽棉交售量补贴。2015年开始将补贴总额的10%用于向南疆四地州（阿克苏、喀什、克州、和田）基本农户（含村集体机动土地承包户）兑付面积部分补贴，90%用于兑付全区实际种植者交售量部分补贴。2016年与2015年补贴方式保持不变。2017年，试点期结束后国家进一步完善了新疆棉花目标价格改革政策，总体保留整体框架，但对享受目标价格补贴的棉花数量进行上限管理，超出上限的不予补贴。补贴数量上限为基期（2012—2014年）全国棉花平均产量的85%。

2017年，新疆启动了棉花补贴与质量挂钩试点工作，针对补贴标准偏低、棉花品种杂乱、追溯难等问题，2018年继续在沙湾、精河、玛纳斯、尉犁、沙雅、麦盖提6个产棉大县728万亩开展棉花质量与补贴挂钩试点，对达到"双29"级以上（即长度达到29毫米以上，断裂比强度达到29厘牛顿/特克斯以上，马克隆值A级3.7～4.2）的棉花额外补贴0.3元/千克，鼓励棉农和加工企业通过分等采摘、分级分垛加工等方式提升棉花质量。试点棉农参与度不断提高，质量意识明显增强，农业集约化、机械化水平不断提升，优质优价机制显现。

2018年，目标价格改革继续探索新路，新疆启动棉花"价格保险+期货"试点，确定在博乐市、叶城县、柯坪县等88万亩开展棉花"价格保险+期货"试点。中国人民财产保险、中国太平洋财产保险、中华联合财产保险、中国人寿财产保险4家中标，并对试点县（市）相关单位及保险公司等50余人进行了政策业务培训。各保险公司采用现场培训、微课堂、发放宣传单、大喇叭等方式对政策进行双语宣传，共发放宣传单3.8万份，培训24场；应用卫星遥感、易农险App等科技手段，已完成核保面积96.21万亩，承保出单87.41万亩，核定保单445份。

另外，2018年棉花补贴资金也由地方财政采用"一卡通"的形式直接兑付给棉农，确保补贴资金真正发到棉花种植者手中。

目前，新疆已对2014年以来的目标价格改革进行评估，并继续谋划2020年下一轮新的深化改革政策，改革即将面临新形势、新任务。

3.2.2 棉花目标价格改革取得的成效

3.2.2.1 棉花价格市场机制作用得到发挥

棉花价格由市场形成，政府已不再对市场进行直接干预，而是由市场供求决定，经过棉花目标价格改革以及不断完善，现有市场价格基本回归常态，与国际接轨。改革前，市场僵化，国家以临时收储价格敞开收购皮棉，几乎所有的皮棉都进了国储，棉花收购价格不会严格固定，籽棉收购价格幅度波动不大。而目标价格政策实施后，各主体的市场意识明显增强，这主要表现在两方面：一是促进棉花生产效率提高。把棉花价格交给市场决定，这就倒逼棉农有意识主动提高生产率，低质量、低水平的生产经营模式将会主动改变，从而促进农业资源配置效率的提高。二是促进棉花下游产业的发展。将棉花临时收储制度变为目标价格补贴后，可缓解国内外棉花价差较大的情况，进而降低企业生产经营成本，促进产业结构调整。

3.2.2.2 棉花生产向优势产区集中

新疆作为棉花目标价格改革的试点，2015年和2016年连续两年经历国内棉价大幅下跌，内地棉区棉花播种面积和总产量持续下降和减退，而新疆棉花播种面积和产量占全国的比重已分别由棉花目标价格改革前（2013年）的39.5%、55.9%提高到2017年的69.4%、80.8%，棉花生产向新疆棉区日益集中。2017年新疆棉花播种面积3 326万亩，占全国总面积的69.4%；棉花产量456.6万吨，占全国总产量的80.8%。国内棉花生产向新疆集中，新疆棉花呈现"一枝独秀"的供给格局。2017年国务院以新疆为重点，黄河流域、长江流域主产区为补充，划定棉花生产保护区3 500万亩，其中新疆棉花生产保护区2 400万亩，进一步推动棉花生产向新疆的优势产区集中。同时，目标价格改革后，植棉效益较低，风险棉区主动调减种植面积和种植结构，加之新疆水资源"三条红线"约束，实现了新疆棉区内部棉花种植向优势产区集中，促进了种植结构的优化调整。

3.2.2.3 棉农收益得到保障，有效保护了植棉积极性

棉花目标价格改革政策的实施，由原来的"暗补"转为了"明补"，减少了中间的环节，让植棉农户实实在在并且高效率地得到了政府的补贴。同时，在补贴方式上也有一定的改变，由原来"普惠制"补贴方式转变为与市场关联度更强的棉花目标价格补贴方式，这促进了企业和植棉农户应对市场变化的能力。新疆棉花成本收益数据显示，2014年棉农亩均售棉收入1 848元，扣除生产总成本，亩均亏损263元；加上每亩444元目标价格补贴（每亩按面积补贴资金267元，产量按陆地棉为0.688元/千克计算），棉农亩均纯收益为180元。2017年棉农亩均售棉收入2 313元，扣除生产总成本，亩均盈利108元；加上目标价格补贴，棉农亩均纯收益为314元。可见，棉花目标价格补贴的目的在于补偿改革造成的植棉收益损失，保护广大棉农的植棉积极性。

3.2.2.4 推动了棉花质量和产业竞争力的提升

棉花临时收储政策"重产量、轻质量"，目标价格改革后，在收购、加工、销售等环节，更加注重对棉花质量的管控，农民售棉优质优价、随行就市，促使许多农民从过去只注重高产向种植适销对路的优质棉转变。中国纤维监测中心数据显示，截至2017年新疆棉花质量已有好转，上半部平均长度28.6毫米，断裂比强度28.0厘牛顿/特克斯，马克隆值A、B级占比在81.3%。2016年和2017年部分优质棉县（市）棉花质量达到"双29"，棉花补贴启动了与质量挂钩，促进棉花生产为棉纺企业提供中高端原材料，增强了棉花市场竞争力，降低了棉纺企业对进口棉花的依赖，新疆棉花的竞争力不断凸显。

3.2.2.5 棉花产业链得以整合激活

实行棉花目标价格补贴政策后，棉花生产者、加工企业和纺织企业等各环节在一体化市场进程中实现了产业链的纵向整合。产业链的整合强化了各环节的联系与配合，产业联动增强，产业链被激活，下游各环节对上游产品的需求更加强烈，如棉纺企业对皮棉的质量需求、轧花企业对籽棉的质量需求和棉农对良种的需求等得到重视和贯彻。一方面促使产业链环节管理问题得以有效解决，如目前国内棉花产业突出的"三丝"问题，以及混等收购、混等堆放和混等加工等问题；另一方面有效促进棉花生产技术的提高，包括优质棉花的种植、优质皮棉的加工和高端棉纺产品的生产等，这就真正体现出整个棉花产业链中市场发挥了更多的作用，同时也有利于提升中国棉纺企业的整体竞争力。

3.2.3 改革进程中存在和面临的问题

棉花目标价格改革尽管取得了一定成效，但也显露出许多问题，归纳起来主要表现在政策设计和具体操作上的缺陷和不足。

3.2.3.1 政府管理体制和理念有待提高

目标价格政策实施涉及新疆维吾尔自治区发展改革委、财政、农业、统计、工商业以及市、县和乡一级的相关部门，如此多的部门在政策执行中存在各环节衔接不畅、中间环节多、协调困难的问题，会影响政策执行实施的工作效率。在政策制定和执行过程中，政府到底需要发挥什么作用尚未清晰。在试点阶段，政府管理人员需要对政策的宣传、监督执行和统计棉花种植面积、预测产量核定以及棉花种植信息采集和交售信息录入等做大量工作；在籽棉交售和皮棉测产上涉及参数和介入机构过多，增加了工作的复杂程度；在补贴资金的兑付上，实行按产量兑付或面积加产量兑付的方式，大大增加了各级单位和人员的工作量；基层政府工作人员数量少，开展的工作量极大，政府部门不堪重负。政策的实施让政府部门承担了超出能力之外的巨大工作量，执行效率和质量必然会受到影响。

3.2.3.2 目标价格制定标准不明确

目标价格标准确定既要考虑棉农的生产成本，也要考虑国际市场棉花价格。也就是说，目标价格 = 国内基础生产成本（含合理利润）× 权衡系数 + 国际市场平均价格 ×（1- 权衡系数）。趁其他生产支持政策在国内尚未建立起来时，权衡系数可适当高一些，随着国内其他支持政策的建立，权衡系数逐步降低，既有利于控制和保护国内产业，也有利于与国际价格逐步接轨。而政府对目标价格制定标准缺乏测算方法的全面解释，简单对外宣传是按照"生产成本 + 基本收益"的方法确定，造成了农民对政策认识的片面和对改革未来的疑虑。

3.2.3.3 补贴的利益保障机制不全面

据调查，目前新疆棉花生产补贴政策较为单一，主要有棉花良种补贴、价格补贴、农机购置补贴等传统的生产投入补贴措施，在国际贸易当中存在较大的商业风险和法律风险。然而，在棉花目标价格改革实施中，仍然欠缺在保险制度、环境保护补贴、绿色发展补贴、安全储备补贴及贷款援助等方面的保障措施，因此，制定的利益保障机制对植棉农户的保护和支持还不够全面，还需要在多借鉴国外相关经验的同时，结合新疆的具体实际情况逐渐完善补贴措施。

3.2.3.4 补贴措施的科学性和合理性有待加强

改革试点初期，补贴发放时间长，次数多，不及时。2014年面积补贴资金就通过3次兑付完毕。2015年之后，只有南疆四地州基本农户有面积补贴，补贴资金分2次发放，同时产量补贴资金也分2次发放，发放次数多、时间长，涉及的手续也比较繁杂；大部分棉农通过联合担保贷款植棉，还款时间一般集中在11—12月，棉农需要通过售棉还贷，补贴发放不及时，棉农面临还贷难问题。补贴方式起初没有与棉花品质挂钩。目标价格改革前期阶段的补贴方式并未与棉花品种、等级和质量挂钩，只是简单区分了陆地棉和长绒棉，到2017年才开始试点，这种补贴方式降低了政策的实施效果。

3.2.3.5 政策执行缺乏长效配套机制

政策实施以来，对棉花种植面积、产量、交售量、农户基本信息等基础数据已经做了采集和管理，继续对这些基础数据进行完善并搭建棉花信息管理服务平台，做好产供销环节的信息化建设工作；建立棉花信息数据库，分析信息资源需求，确定数据资源最有效的提供者减少数据采集的工作量，避免重复和混乱。同时，加强数据分析，分析棉花生产中存在的问题并及时改进，采集收购、加工、销售、纺织等信息，分析市场形势，为决策提供依据。此外，棉花市场流通体制建设也有待加强，管理水平低、经营方式落后、发布信息滞后等，缺乏长效配套机制。

3.3 基于满意度视角的棉花目标价格改革评价

针对目标价格改革政策的执行情况，从农户满意度的视角对其成效进行评价。课题组在2016年和2017年分别对南北疆主要棉花生产区域进行了实地调研，主要针对目标价格实施过程中涉及的补贴标准、补贴发放时间、补贴方式、补贴监督机制等7项内容，开展了棉农对目标价格改革政策的满意度调查，获得农户满意度统计数据，建立评价指标体系，采用层次分析法（AHP）确定7项指标的权重，并运用模糊综合评价法对满意度的各层次因子进行分析，进一步呈现出新疆棉花目标价格改革的实施效果和存在的问题。

3.3.1 数据来源与评价方法

3.3.1.1 数据来源

调查选取南北疆棉花主产区巴音郭楞蒙古自治州（全书简称巴州）、阿克苏地区、喀什地区、昌吉回族自治州（全书简称昌吉州）、塔城地区、博尔塔拉蒙古自治州（全书简称博州）6个地州的12个县（市）、22个乡镇的行政村中植棉村民随机开展问卷调查，共发放问卷523份，经过整理有效问卷484份，其中南疆251份、北疆233份，有效率92.5%。问卷涉及补贴对象、补贴依据、补贴发放时间、补贴标准、补贴方式、基层落实情况和补贴监督机制7个指标。采用李克特（Likert）五级量表对以上指标进行满意度评价，每个指标选择划分"非常满意""满意""一般""不满意""非常不满意"五种选项，分别取值5、4、3、2、1。

3.3.1.2 评价方法

本研究通过构建目标价格改革实施成效指标体系，采用层次分析法（AHP）确定各因子权重。其中，构造判断矩阵标度为1、3、5、7，其中"1"表示两个因素相比，具有同样重要性；"3"表示两个因素相比，一个比另一个稍微重要；"5"表示两个因素相比，一个比另一个明显重要；"7"表示两个因素相比,一个比另一个强烈重要;2、4、6表示上述两相邻判断的中值。

模糊综合评价法对处理评价问题中所存在的模糊性和满意程度的主观性的问题上更成熟、合理。因此本研究采用的模糊综合评价模型基本原理如下。

一般地,假设对于有 m 个目标、p 级评语集时方案 x 的模糊评判矩阵为:

$$R = \{r_{ij}\} \ (i=1, 2, \cdots, m; j=1, 2, \cdots, p)$$

其中,$r_{ij}=r_{ij}(x)$ 表示方案 x 在第 i 目标处于第 j 档评语的隶属度。当对多目标进行综合模糊评价时,要先对各个目标分别加权,设第 i 个目标权系数为 w_i,且 $\sum_{i=1}^{m} w_i$,$w_i \geq 0$,则权向量 $w=(w_1, w_2, \cdots, w_m)^T$ 综合模糊评判矩阵 B 的计算式为:

$$\begin{aligned} B &= w^T * R \\ &= (w_1 w_2 \cdots w_m) * \begin{bmatrix} r_{11} & r_{12} & \cdots & r_{1p} \\ r_{21} & r_{22} & \cdots & r_{2p} \\ \vdots & \vdots & & \vdots \\ r_{m1} & r_{m2} & \cdots & r_{mp} \end{bmatrix} \\ &= (b_1 b_2 \cdots b_p) \end{aligned} \quad (3\text{-}1)$$

表示方案 x 处于各档评语的隶属情况。其中,式(3-1)中的 * 表示模糊运算符,表示普通矩阵乘法。

最后,采用参数加权平均法对结果进行处理,即:

$$C = \frac{\sum_{j=1}^{n} b_j^t c_k}{\sum_{j=1}^{n} b_j^t} \quad (3\text{-}2)$$

其中,b_j 表示各个 B_i 中各个满意度所对应的值,c_k 表示各个满意度的赋值,即 1、2、3、4、5。t 为待定系数,一般可取 $t=1$、$t=2$。

3.3.2 建立评价指标体系及确定权重

在构建新疆棉花目标价格改革实施情况的指标体系时,将棉花目标价格改革视为一个系统,根据《实施方案》内容,将指标体系构架分为目标层、准则层、指标层 3 个层次。每一层选择能反映其主要特征的要素作为评估指标。根据指标体系设置原则和系统层次的不同要求，经过反复调研和多次论证，结合专家意见，构建的指标体系含1个目标层目标，2个准则层指标以及与之相对应的有7个指标，对应指标层选取了7个指标基本能反映目标价格改革实施情况。

目标层（A）以新疆棉花目标价格改革实施情况为目标；准则层（B）以反映目标价格改革实施情况的两个内涵特征为目标，设立补贴实施方式和补贴实施机制两个子系统；指标层（S）是根据目标价格改革实施中涉及的具体内容作为指标。具体指标体系如图3-1所示。

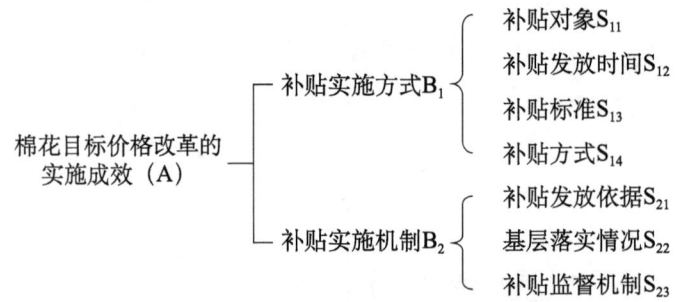

图3-1 棉花目标价格改革实施成效指标体系

运用AHP法，构造判断矩阵。经15位专家进行重要程度打分后，构建判断矩阵，计算出各指标权重，并对综合权重进行排序，结果见表3-1。

表3-1 棉花目标价格实施成效指标体系及权重

准则层 B	相对于目标层权重	指标层 S	相对于准则层权重	综合权重	排序
补贴实施方式 B_1	0.537	补贴对象 S_{11}	0.211	0.113	6
		补贴发放时间 S_{12}	0.211	0.113	6
		补贴标准 S_{13}	0.337	0.181	1
		补贴方式 S_{14}	0.242	0.130	5
补贴实施机制 B_2	0.463	补贴发放依据 S_{21}	0.347	0.161	2
		基层落实情况 S_{22}	0.333	0.154	3
		补贴监督机制 S_{23}	0.319	0.148	4

根据指标权重可以看出，准则层相对于目标价格改革政策实施这一目标来说，补贴实施方式比补贴实施机制重要；各个指标相对于目标来说，补贴标准的重要性最大，依次是补贴发放依据、基层落实情况、补贴监督机制、补贴方式、补贴对象，补贴发放时间重要性最低。

3.3.3 模糊综合评价及结果分析

根据农户对各指标满意度的打分情况,建立各指标满意度评价矩阵 R,结合各指标综合权重 R,根据式(3-1)可得到综合模糊评价集 B,结果见表 3-2;采用参数加权平均法,根据式(3-2)分别取 $t=1$、$t=2$ 对目标层的模糊结果进行量化,可得到满意度值为 3.598~4.009。

表 3-2 模糊评价

评价因子	非常满意(5)	满意(4)	一般(3)	不满意(2)	非常不满意(1)
S_{11}	0.517	0.390	0.033	0.029	0.031
S_{12}	0.145	0.223	0.155	0.256	0.221
S_{13}	0.251	0.304	0.159	0.184	0.101
S_{14}	0.248	0.335	0.132	0.202	0.083
S_{21}	0.408	0.393	0.095	0.046	0.058
S_{22}	0.316	0.411	0.134	0.097	0.041
S_{23}	0.285	0.353	0.178	0.120	0.064
综合模糊评价集 B	0.294	0.338	0.132	0.144	0.092

各层次不同指标的满意度值见表 3-3。由此可知,目标层 A 的综合评价值为 3.598~4.009,说明棉农对目标价格改革的整体满意度在一般与满意之间。

表 3-3 模糊评价结果

评价因子	满意度值	满意水平
S_{11}	4.333	满意—非常满意
S_{12}	2.814	不满意——一般
S_{13}	3.418	一般—满意
S_{14}	3.463	一般—满意
B_1	3.494	一般—满意
S_{21}	4.048	满意—非常满意
S_{22}	3.864	一般—满意
S_{23}	3.676	一般—满意
B_2	3.867	一般—满意
A	3.598~4.009	一般—满意

B_1 补贴实施方式的满意度值为 3.494,处于一般与满意之间,说明棉农对补贴的实施方式一般满意。其中,S_{11} 补贴对象的满意度值 4.333,处于满意与非常满意之间,说明棉农对目标价格补贴对象是满意的;S_{12} 补贴发放

时间的满意度值2.814，处于不满意与一般之间，说明大多数农户认为目标价格补贴发放时间不合理，调研时正处于目标价格试点阶段，补贴发放存在不及时现象，但是目前已有改变；S_{13}补贴标准的满意度值3.418，处于一般与满意之间，自目标价格改革实施以来，补贴标准有所下降，棉农对补贴标准下调满意度降低；S_{14}补贴方式3.463，处于一般与满意之间，说明棉农对补贴方式基本满意。

B_2补贴实施机制的满意度值为3.867，处于一般与满意之间，但是B_2与B_1相比，B_2的满意度值略高，说明棉农对目标价格改革实施机制方面的满意程度高于实施方式方面；S_{21}补贴发放依据满意度值4.048，处于满意与非常满意之间，说明棉农对补贴发放过程中必要程序是认可的；S_{22}基层落实情况满意度值3.864，处于一般与满意之间，S_{23}补贴监督机制满意度3.676，处于一般与满意之间，说明棉农对目标价格改革实施中基层落实情况和监督机制一般满意。

总之，通过模糊综合评价法分析棉农对目标价格改革实施各指标满意程度及成效，棉农对目标价格改革实施满意度值为3.598～4.009，处于一般与满意之间。其中，棉农对补贴对象和补贴依据两个指标的满意程度较高，处于满意与非常满意之间；对补贴发放时间指标的满意程度最低，处于不满意与一般之间。同时，对于准则层B来说，棉农对目标价格改革实施机制方面的满意程度高于实施方式方面，因此在目标价格改革实施方式方面，尤其是补贴发放时间仍有待进一步完善和提高。

分析棉农对目标价格改革满意度不高的主要原因：一是棉农对政策的认识不清，对政策持观望态度；二是植棉成本较高，影响了补贴对棉农的补偿效果；三是籽棉销售价格与国际市场接轨，持续走低，导致棉农售棉收入降低；四是政策补贴实施方式中，棉农对补贴发放时间、补贴标准和补贴方式的满意度都不高，影响到棉农对政策的整体满意度不高。

3.4 小结

本章通过梳理改革开放以来棉花扶持政策，分析目标价格改革实施具体措施，总结取得的成效和改革在推进中存在的问题，并以棉农满意度评价目标价格改革实施的效果，主要得到以下结论。

（1）目标价格改革从试点到探索阶段，不断完善政策操作细节，探索新的补贴措施,已经从短期应急走向长期平稳。2017年启动了补贴与质量挂钩,2018年启动了棉花"价格保险+期货"的试点,补贴资金实现了由地方财政采用"一卡通"的形式直接兑付给棉农。棉花目标价格在补贴标准的制定、补贴方式和补贴资金兑付等措施方面都有逐步改进和完善。

(2)目标价格改革实施以来,对促进新疆棉花生产方式转变取得了一定成效。主要体现在:棉花价格市场机制作用得到发挥;生产向优势产区集中;棉农收益得到保障;推动了棉花质量和产业竞争力的提升;产业链得以整合激活。

(3)目标价格改革实施进程中存在的问题。一是政府管理体制和理念有待提高;二是目标价格制定标准不明确;三是补贴的利益保障机制不全面;四是补贴措施的科学性和合理性有待加强;五是政策执行缺乏长效配套机制。

(4)通过模糊综合评价法分析棉农对目标价格改革实施各指标满意程度及成效,棉农对目标价格改革实施满意度值为3.598~4.009,处于一般与满意之间。其中,棉农对补贴对象和补贴依据两个指标的满意程度较高,对补贴发放时间指标的满意程度最低。棉农对目标价格改革实施机制方面的满意程度高于实施方式,因此在目标价格改革实施方式方面,尤其是补贴发放时间仍有待进一步完善和提高。

(5)棉农对目标价格改革整体满意度不高的原因:一是棉农对政策的认识不清,对政策持观望态度;二是植棉成本较高,影响了补贴对棉农的补偿效果;三是籽棉销售价格与国际市场接轨,持续走低,导致棉农售棉收入降低;四是政策补贴实施方式中,棉农对补贴发放时间、补贴标准和补贴方式的满意度都不高,影响到棉农对政策的整体满意度不高。

第4章

目标价格改革对新疆棉花生产的影响分析

第4章 目标价格改革对新疆棉花生产的影响分析

新疆地域辽阔，资源禀赋和生产条件差异较大，不同棉花生产区域发展水平参差不齐。本章主要分析目标价格改革对新疆棉花生产和生产经营主体两方面的影响，重点从不同区域、品种布局、品质性状和机采棉等方面阐述目标价格改革以来新疆棉花生产特征和面临的问题以及对棉农、植棉合作组织等棉花生产经营主体产生的影响作用。

4.1 目标价格改革前后棉花生产对比分析

研究中为了对比分析目标价格改革前后新疆棉花生产水平状况，选取2011—2017年棉花生产从收储政策到实施目标价格改革政策两个不同发展阶段的统计数据，从全国、全疆、南北东疆区域、各地州棉花种植规模、产量、单产，不同优势棉产区差异变化，品种布局和区划，品质性状和机采棉发展等7个层面全面深入地分析新疆棉花生产水平的变化和改革实施以来新疆棉花生产面临的困境和亟待解决的问题。

4.1.1 新疆棉花生产水平与全国对比分析

2011—2017年的7年间，我国及新疆棉花生产无论从棉花播种面积还是总产量都经历了增长、减退的反复波动。但总体上，全国棉花播种面积和总产量呈逐年下降趋势，而新疆棉花播种面积和总产量呈逐年增加趋势；新疆棉花播种面积和总产量占全国的比重由2011年的32.5%和43.9%，分别增加到2017年的69.4%和80.8%，均增加了36.9个百分点。可见，新疆棉花生产在全国逐渐凸现出不可替代的主产区优势，见表4-1。

以2014年实施棉花目标价格补贴政策为时间节点分析，2011—2013年收储政策时期，新疆棉花种植面积由2 457万亩增加到2 577万亩，年均增速2.4%，总产量由289.8万吨增加到351.8万吨，年均增速10.2%，均呈现增长态势；2014—2017年新疆棉花种植面积由3 632万亩连续下降，2017年略有回升，面积经过调减、稳定回升的过程，这是目标价格实施以来政府积极引导棉花种植结构调整，生产进一步向优势棉区集中的结果；总产量由451.0万吨增加到456.6万吨，年均增速0.4%，较收储时期增长缓慢，但是随着种植面积减少，总产量增加，表明新疆棉花产出效率逐渐上升。

表4-1 2011—2017年全国和新疆棉花生产情况

年份	棉花种植面积（万亩）				新疆占全国的比重（%）	棉花总产量（万吨）				新疆占全国的比重（%）
	全国	新疆				全国	新疆			
		总计	地方	兵团*			总计	地方	兵团	
2011	7557	2457	1624	802	32.5	659.8	289.8	194.1	129.3	43.9
2012	7032	2581	1662	830	36.7	683.6	353.9	205.2	141.4	51.8
2013	6519	2577	1648	883	39.5	629.9	351.8	206.0	146.4	55.9
2014	6333	3632	2955	1051	57.4	617.8	451.0	337.8	171.7	73.0
2015	5699	3410	2472	944	59.8	560.5	429.8	298.5	146.5	76.7
2016	5064	3231	2342	932	63.8	534.3	420.0	285.3	150.0	78.6
2017	4793	3326	2642	1040	69.4	565.3	456.6	339.0	168.9	80.8

数据来源：《中国统计年鉴》（2012—2018年）、《新疆统计年鉴》（2012—2018年）。

注：表中新疆总计不等于地方与兵团的总和。

* 新疆生产建设兵团简称兵团或新疆兵团，全书同。

新疆棉花种植面积和产量占全国比重见表4-1、图4-1、图4-2。无论是2011—2013年收储政策时期，还是2014—2017年棉花目标价格改革实施以来，新疆棉花种植面积和产量占全国的比重逐年增加，从2011年新疆棉花种植面积和产量仅占全国1/3的水平，增长到2017年占全国超出2/3的水平，可见新疆棉花生产能力显著提升，新疆棉花生产已在全国占有举足轻重的战略地位，"中国棉花看新疆"的格局已经形成。

4.1.2 新疆棉花生产总体变化情况

2011—2017年期间新疆棉花种植规模、产量、平均单产总体上表现

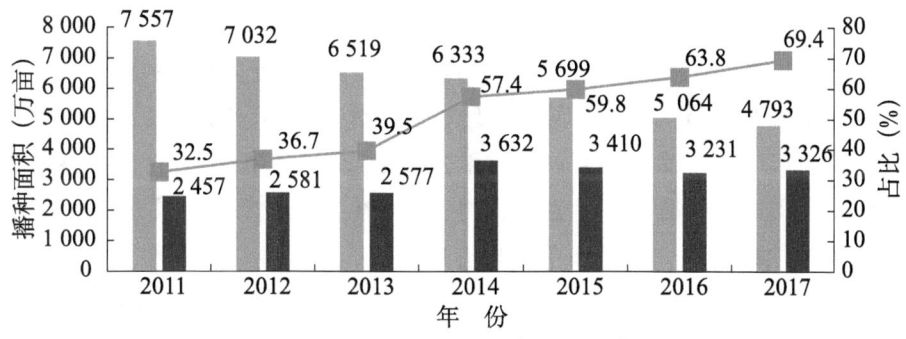

图 4-1 新疆棉花种植面积及占全国比重的变化

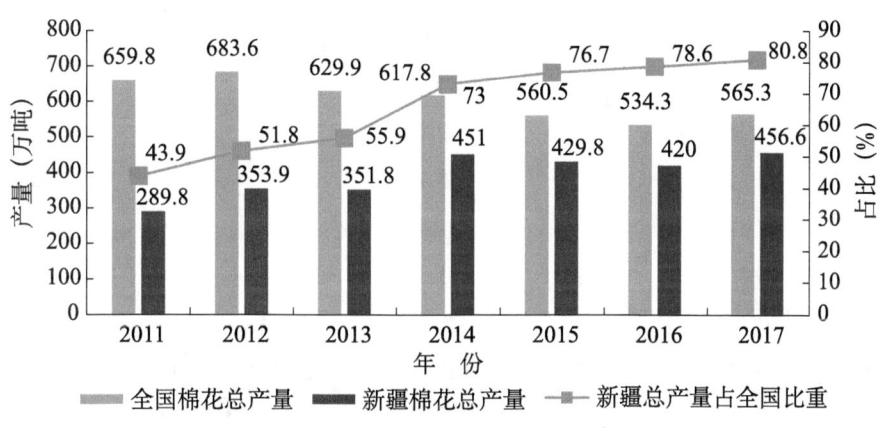

图 4-2 新疆棉花总产量及占全国比重的变化

为波动中稳定增长态势。棉花种植规模和产量的年均增长率分别为 5.2% 和 7.9%，产量年均增长率高于种植规模 2 个百分点，表明随着种植面积和种植技术的提高，新疆棉花产出效率呈现明显上升趋势。在此期间棉花平均单产总体呈现上升趋势，尤其是目标价格实施以后棉花单产水平稳定增长，2017 年棉花平均单产较 2011 年提高了 13.8%，较 2014 年提高了 11.0%。

2014—2017 年，新疆实施目标价格改革以来，棉花种植面积总体呈现下降，处于调减的状态，这是由于各级政府积极引导棉花种植结构调整，引导棉花生产进一步向优势棉区集中，在一定程度上平衡了各种矛盾。

其中,2014年开始实施的目标价格政策对种植面积进行补贴,全疆开展了全面彻底的面积清查工作,大量错报、漏报没有登记在册的土地被清查出来,种植面积相比以前年份大幅增长,因此,2014年新疆棉花种植面积和产量的年均增长率分别为40.9%和28.2%。2015年和2016年,新疆棉花种植规模和产量仍有下降,主要是调整棉花生产向优势产区集中;2017年新疆棉花种植面积、产量和单产均有所增长,较上年增长率分别是2.9%、8.7%和0.7%。可见,棉花目标价格改革政策实施、农业供给侧结构性改革以来,稳定了新疆棉花种植规模,促进了棉花产量的提高,见表4-2、图4-3、图4-4、图4-5。

表4-2 2011—2017年新疆棉花生产变化情况

年份	面积 (万亩)	增长率 (%)	产量 (万吨)	增长率 (%)	单产 (千克/亩)	增长率 (%)
2011	2 457.1		289.8		117.9	
2012	2 581.2	5.1	353.9	22.1	137.1	16.3
2013	2 577.4	−0.1	351.8	−0.6	136.5	−0.4
2014	3 632.0	40.9	451.0	28.2	124.2	−9.0
2015	3 409.7	−6.1	429.8	−4.7	126.1	1.5
2016	3 231.0	−5.2	420.0	−2.3	136.4	7.9
2017	3 326.0	2.9	456.6	8.7	137.3	0.7

数据来源:《新疆统计年鉴》(2012—2018年)。

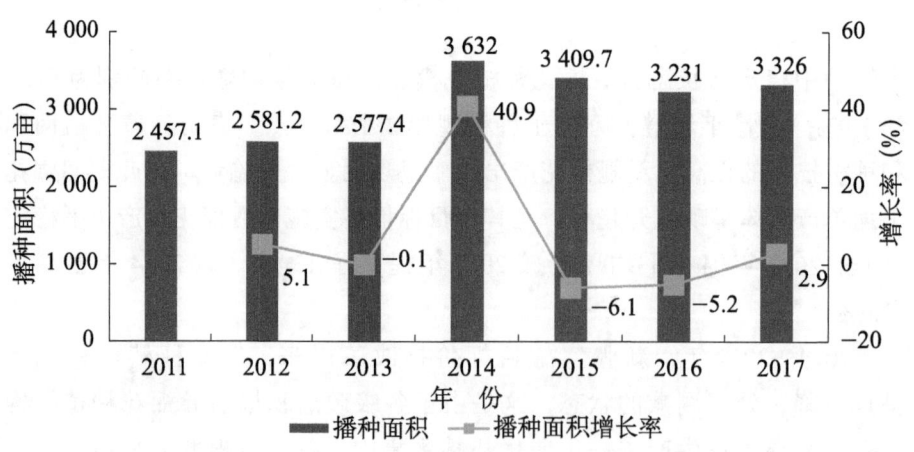

图4-3 2011—2017年新疆棉花播种面积及变化

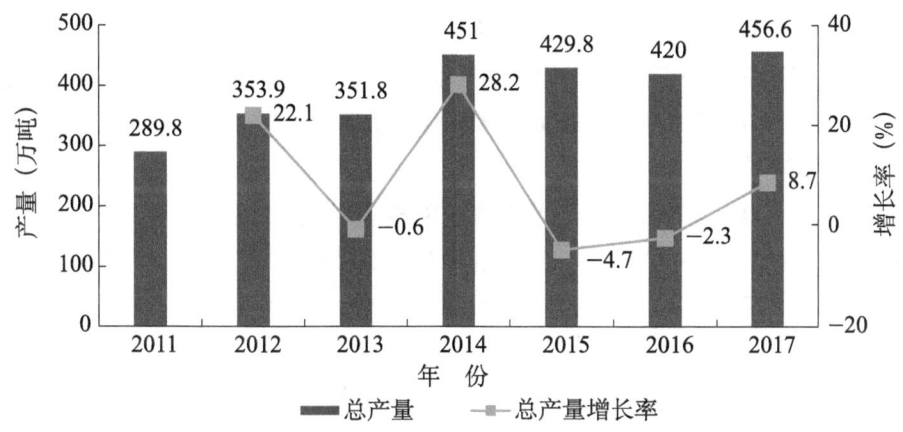

图 4-4　2011—2017 年新疆棉花总产量及变化

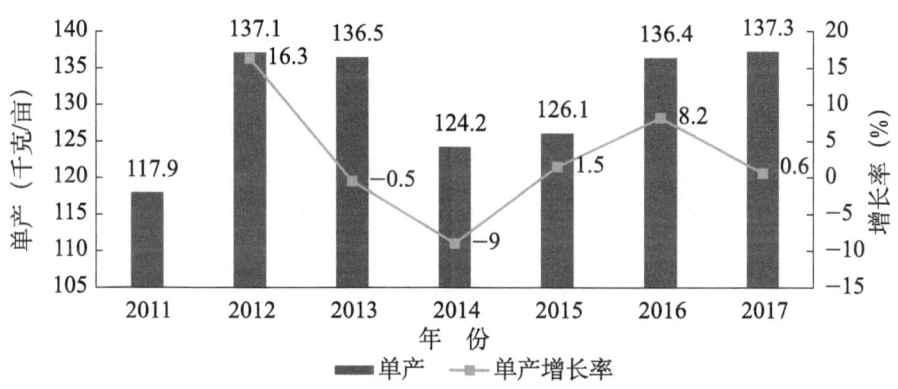

图 4-5　2011—2017 年新疆棉花单产及变化

4.1.3　南疆、北疆、东疆棉花生产变化情况

从行政地域和自然生态条件角度，新疆植棉区域可分为南疆、北疆和东疆三大棉区，其中南疆棉区农业生产的自然资源条件最好，分布区域最广、种植面积最大，东疆棉区较差，北疆棉区居于两者之间。这三大棉区主要分布于新疆塔里木盆地周边、准噶尔盆地西南缘和塔里木河流域两岸等绿洲农业生产区。

2017 年新疆地方棉花种植面积 2 642 万亩，其中北疆棉花种植面积 706.8 万亩、南疆 1 872.7 万亩、东疆 62.3 万亩，分别占新疆地方种植面积的 26.8%、70.9% 和 2.4%，南疆棉花种植面积已占全疆的 2/3 以上，可见南疆是新疆棉花生产的主产区。

2011—2017 年,南疆、北疆和东疆棉花种植面积总体呈增长趋势,其中 2014 年国家决定在新疆实施棉花目标价格改革试点,由于核查清理棉花种植面积,3 个区域的棉花种植面积较上年均大幅增加,南疆种植面积较上年增加近 1 倍。

2011—2013 年间南疆、北疆和东疆棉花种植面积缓慢增长,但期间有所波动;2014—2017 年,南疆和北疆棉花种植面积自 2014 年的突高之后回落,然后平稳增长,其年均增长率分别为 –4.3% 和 –1.3%,呈现负增长,但是 2015 年、2016 年、2017 年这三年平稳回升,北疆较南疆年均增速增长较快,原因是:目标价格政策实施以后,北疆农业生产结构灵活调整,植棉结构变化较大,适宜棉区将退出植棉的耕地又重新恢复棉花种植;而东疆棉花种植面积,在 2014 年突高之后回落,呈现增长、回落的反复波动,见表 4-3、图 4-6。

表 4-3　2011—2017 年北疆、南疆、东疆棉花种植面积及变化

单位:万亩,%

年份	北疆		南疆		东疆	
	面积	增长率	面积	增长率	面积	增长率
2011	475.3		1 092.3		56.1	
2012	493.7	3.9	1 105.2	1.2	63.3	12.8
2013	491.8	−0.4	1 094.4	−1.0	61.7	−2.5
2014	734.0	49.2	2 134.6	95.0	86.2	39.7
2015	548.6	−25.3	1 845.7	−13.5	77.2	−10.4
2016	573.1	4.5	1 710.0	−7.4	59.1	23.4
2017	706.8	23.3	1 872.7	9.5	62.3	5.4

数据来源:《新疆统计年鉴》(2012—2018)。

2017 年新疆地方棉花产量 339.0 万吨,其中北疆棉花产量 101.3 万吨,占全疆棉花产量的 29.9%;南疆 230.4 万吨,占全疆棉花产量的 68.0%;东疆 7.4 万吨,占全疆棉花产量的 2.2%。2011—2017 年,南疆、北疆和东疆棉花产量总体呈上升趋势。其中,2011—2013 年,南疆、北疆和东疆棉花产量呈明显上升趋势,年均增长率分别为 2.5%、3.5% 和 9.2%,东疆棉花产量增长较显著;2014 年 3 个区域棉花产量较上年均大幅增加;2014—2017 年,北疆棉花产量年均增长率为 2.7%,南疆和东疆棉花产量年均增长率分别为 –0.7% 和 –6.3%,均呈现负增长,见表 4-4、图 4-7。

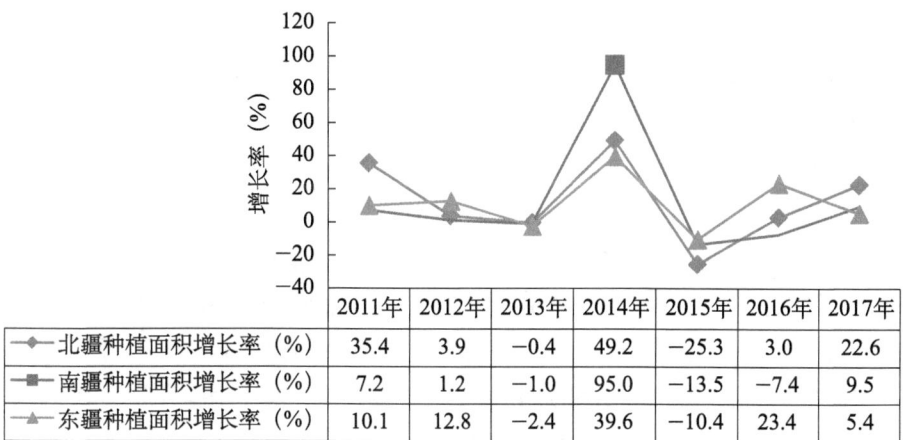

	2011年	2012年	2013年	2014年	2015年	2016年	2017年
北疆种植面积增长率（%）	35.4	3.9	-0.4	49.2	-25.3	3.0	22.6
南疆种植面积增长率（%）	7.2	1.2	-1.0	95.0	-13.8	-7.4	9.5
东疆种植面积增长率（%）	10.1	12.8	-2.4	39.6	-10.4	23.4	5.4

图 4-6　2011—2017 年北疆、南疆、东疆棉花种植面积及变化

表 4-4　2011—2017 年北疆、南疆、东疆棉花产量及变化

单位：万吨，%

年份	北疆		南疆		东疆	
	产量	增长率	产量	增长率	产量	增长率
2011	59.6		128.8		5.7	
2012	62.1	4.2	136.7	6.2	6.4	12.3
2013	63.8	2.7	135.4	-1.0	6.8	6.3
2014	93.4	46.4	235.5	73.9	9.0	32.4
2015	74.7	-20.0	215.4	-8.5	8.4	-6.7
2016	78.7	5.4	199.7	-7.3	6.9	-17.9
2017	101.3	28.7	230.4	15.4	7.4	7.2

数据来源：《新疆统计年鉴》（2012—2018）。

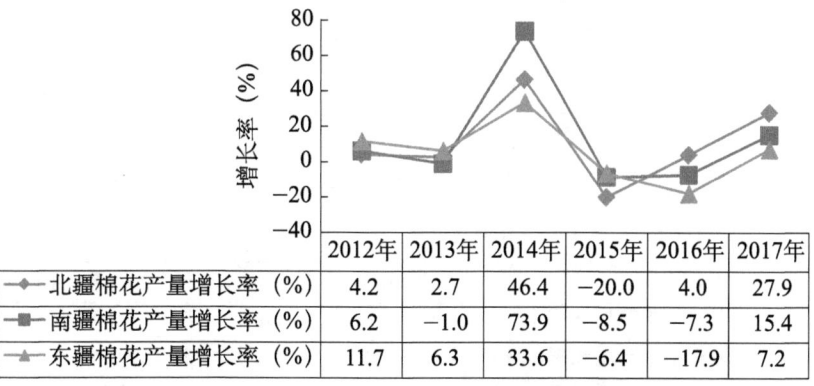

	2012年	2013年	2014年	2015年	2016年	2017年
北疆棉花产量增长率（%）	4.2	2.7	46.4	-20.0	4.0	27.9
南疆棉花产量增长率（%）	6.2	-1.0	73.9	-8.5	-7.3	15.4
东疆棉花产量增长率（%）	11.7	6.3	33.6	-6.4	-17.9	7.2

图 4-7　2011—2017 年北疆、南疆、东疆棉花产量及变化

2011—2017年南疆、北疆、东疆总体棉花单产水平略有增长，年均增长率分别为0.2%、3.4%和1.2%，北疆棉花的单产水平增长最快。连续年份平均单产数据表明北疆棉花单产水平在新疆最高，到2017年单产已达到了133.2千克/亩，南疆118.3千克/亩，东疆111.0千克/亩，南疆和东疆棉花单产分别低于北疆14.9千克/亩和22.2千克/亩。

2011—2013年收储政策时期，南疆、北疆和东疆单产水平均呈现增长的态势，年均增长率分别为1.4%、1.5%和3.0%，其中东疆增长最快；2014年3个棉区普遍呈现出负增长；2014—2017年实施棉花目标价格改革以来，南疆、北疆和东疆棉花单产年均增长率分别为3.1%、6.1%和2.2%，其中南疆和北疆棉区较收储时期分别增长了1.7%和4.6%，北疆棉区单产水平增长尤其显著，而东疆棉区棉花单产增长率较收储时期呈负增长，这与北疆地区土地规模化生产程度较高及近两年机械化生产水平的快速发展有直接影响作用，见表4-5、图4-8。

表4-5 2011—2017年北疆、南疆、东疆棉花单产及变化

单位：千克/亩，%

年份	北疆		南疆		东疆	
	单产	增长率	单产	增长率	单产	增长率
2011	109.3		116.7		103.6	
2012	111.0	1.6	119.9	2.7	101.3	−2.2
2013	112.6	1.4	120.0	0.1	109.9	8.5
2014	111.4	−1.1	107.8	−10.2	104.1	−5.2
2015	134.9	21.2	113.7	5.5	108.0	3.7
2016	123.4	−8.5	113.7	0	110.9	2.7
2017	129.4	4.9	118.3	4.0	111.0	0.1

数据来源：《新疆统计年鉴》（2012—2018）。

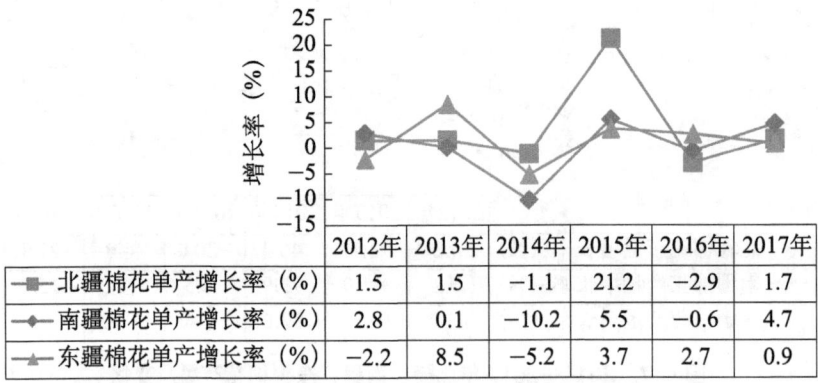

图4-8 2011—2017年北疆、南疆、东疆棉花单产及变化

4.1.4 各地（州、市）棉花生产变化情况

2011—2017年，新疆13个地（州、市）以2014年为时间节点，分别分析全疆各地（州、市）2011—2013年和2014—2017年棉花种植规模、产量、单产水平的变化趋势。目标价格实施后新疆大部分植棉地（州、市）受到价格下降和生产成本上升等因素影响，棉花种植规模有不同程度下降，产量也随种植规模而发生变化。

2017年新疆13个地（州、市）棉花种植规模差异性较大。南疆5个地州中，阿克苏、喀什、巴州棉花种植面积较大，3个地州分别占地方棉花种植面积的29.9%、25.2%和13.6%，合计达68.7%；北疆6个地州市中，以塔城地区、昌吉州、博州种植面积较大，3个地州分别占地方棉花种植面积的12.9%、7.1%和5.7%，合计为25.7%。2011—2013年，哈密市、巴州和塔城地区棉花种植面积增长较快，增长率分别为12.3%、5.9%和4.8%，而伊犁州（伊犁哈萨克自治州全书简称伊犁州）直属、和田地区、克拉玛依市棉花种植面积下降较快，降幅分别为45.9%、11.1%和9.9%；2014—2017年，仅哈密地区、塔城地区和克拉玛依市棉花种植面积有所增长，其余地（州、市）均呈现下降的趋势，以吐鲁番地区、乌鲁木齐市和和田地区棉花种植面积下降较快，降幅分别为33.0%、19.1%和12.7%，原因在于随着目标价格走低和植棉效益下降，吐鲁番地区、乌鲁木齐市、和田地区及其他地州次宜棉区、风险棉区和低效棉区逐渐退出棉花生产，使得各地州棉花生产向优势适宜棉区集中，见表4-6、图4-9。

表4-6 2011—2017年新疆各地（州、市）棉花种植面积变化情况

单位：万亩，%

产区	2011年	2013年	2014年	2017年	2011—2013年年均增长率	2014—2017年年均增长率
乌鲁木齐市	2.1	1.8	1.7	0.9	−7.4	−19.1
克拉玛依市	11.7	9.5	13.3	13.5	−9.9	0.5
吐鲁番地区	32.4	31.8	41.2	12.4	−0.9	−33.0
哈密地区	23.7	29.9	44.9	49.9	12.3	3.6
昌吉州	158.3	170.4	199.5	186.5	3.8	−2.2
伊犁州直属	23.6	6.9	18.0	15.3	−45.9	−5.3
塔城地区	184.4	202.6	341	341.2	4.8	0.0
博州	95.3	100.7	160.5	149.4	2.8	−2.4
巴州	257.4	288.9	470.9	359.4	5.9	−8.6

续表

产区	2011年	2013年	2014年	2017年	2011—2013年年均增长率	2014—2017年年均增长率
阿克苏地区	472.9	458.6	796.3	790.9	−1.5	−0.2
克州	8.8	9.5	18.4	15.5	3.9	−5.6
喀什地区	316	308	787.5	666.1	−1.3	−5.4
和田地区	37.2	29.4	61.4	40.9	−11.1	−12.7
合计	1 623.6	1 648	2 954.8	2 641.8	0.7	−3.7

数据来源:《新疆统计年鉴》(2012—2018)。

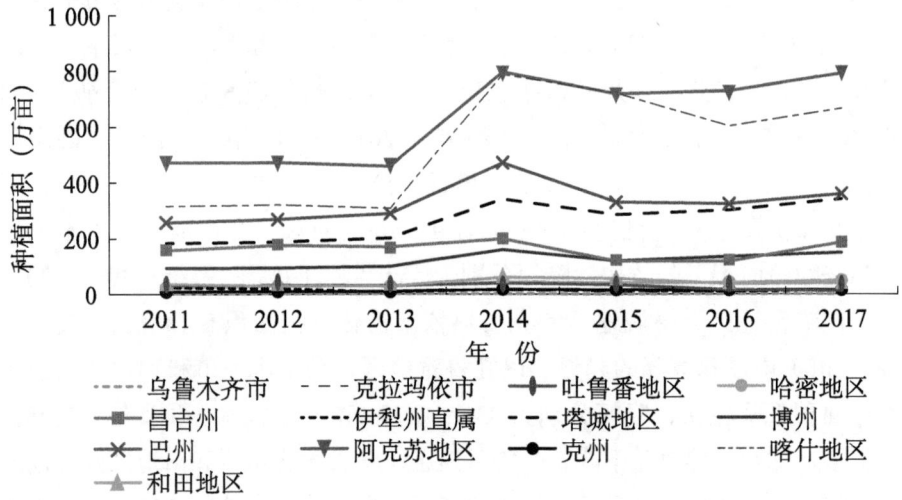

图4-9 2011—2017年新疆各地(州、市)棉花种植面积变化

2017年,新疆13个地(州、市)棉花产量同样差异性较大。南疆5个地(州、市)中,阿克苏市、喀什地区、巴州棉花产量较大,3个地州占地方棉花产量比重为66.2%;北疆6个地(州、市)中,塔城地区、昌吉州、博州产量较大,3个地州占地方棉花产量比重为28.9%。2011—2013年,棉花产量增长速度较快的地(州、市)为哈密市、塔城地区和巴州,增长率分别为15.0%、6.4%和6.2%;2014—2017年,棉花产量增长速度较快的地(州、市)为博州、阿克苏地区和哈密地区,增长率分别为6.1%、5.6%和4.8%;吐鲁番地区、和田地区和喀什地区棉花产量呈现下降趋势,降幅分别为31.3%、14.1%和8.2%,见表4-7、图4-10。

表 4-7 2011—2017 年新疆各地（州、市）棉花产量变化情况

单位：万吨，%

产区	2011 年	2013 年	2014 年	2017 年	2011—2013 年年均增长率	2014—2017 年年均增长率
乌鲁木齐市	0.2	0.2	0.1	0.1	0.0	0.0
克拉玛依市	1.3	1.0	1.5	1.7	−12.3	4.3
吐鲁番地区	2.9	3.0	3.7	1.2	1.7	−31.3
哈密地区	2.8	3.7	5.3	6.1	15.0	4.8
昌吉州	19.9	21.8	25.8	27.1	4.7	1.7
伊犁州直属	1.8	0.6	1.7	1.5	−42.3	−4.1
塔城地区	22.8	25.8	46.2	49.3	6.4	2.2
博州	13.6	14.4	18.0	21.5	2.9	6.1
巴州	35.2	39.7	48.2	51.6	6.2	2.3
阿克苏地区	53.5	55.7	85.2	100.4	2.0	5.6
克州	0.9	1.0	2.0	1.7	5.4	−5.3
喀什地区	34.7	35.4	93.8	72.5	1.0	−8.2
合计	194.1	206.0	337.8	339.0	3.0	0.1

数据来源：《新疆统计年鉴》（2012—2018）。

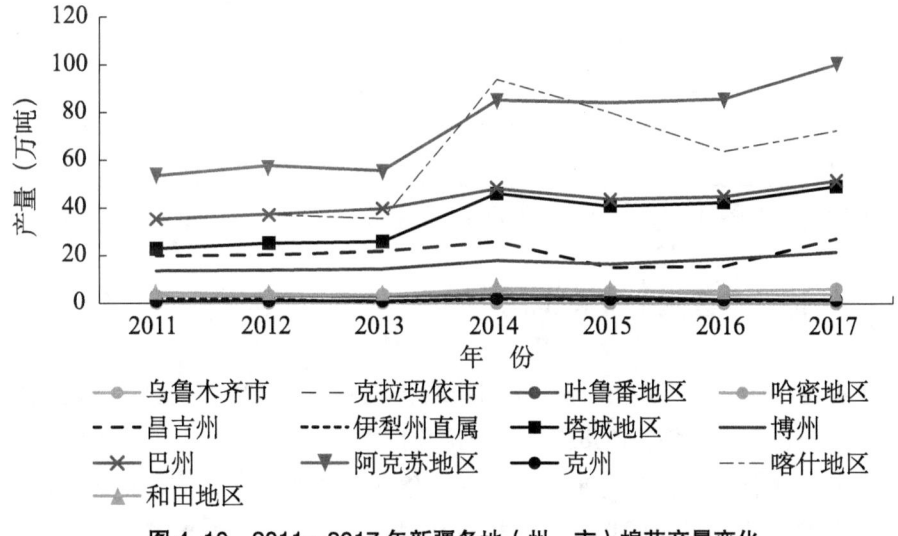

图 4-10 2011—2017 年新疆各地（州、市）棉花产量变化

2017 年，新疆 13 个地（州、市）中昌吉州棉花单产最高，达到 145.3 千克/亩，塔城地区次之，为 144.6 千克/亩；伊犁州直属棉花单产最低，仅为 98.7 千克/亩。2011—2017 年间，除 2014 年以外，博州、巴州的棉花单产水平明显高于其他地州，且始终高于全疆平均单产水平，属于棉花生产

水平和效率较高的地州。2011—2013年，伊犁州直属棉花单产水平提高最快，增速为5.7%，克拉玛依市和和田地区呈现负增长；2014—2017年，巴州棉花单产水平提高最快，增速为12.0%；喀什地区和和田地区呈现负增长。（表4-8）。

表4-8 2011—2017年新疆各地（州、市）棉花单产变化情况

单位：千克/亩，%

产区	2011年	2013年	2014年	2017年	2011—2013年年均增长率	2014—2017年年均增长率
乌鲁木齐市	78.6	86.7	84.1	114.9	5.0	11.0
克拉玛依市	108.3	104.9	110.0	128.5	−1.6	5.3
吐鲁番地区	90.0	95.5	90.3	98.9	3.0	3.1
哈密地区	117.1	124.2	118.0	123.1	3.0	1.4
昌吉州	125.9	128.1	129.4	145.3	0.9	3.9
伊犁州直属	76.4	85.4	97.2	98.7	5.7	0.5
塔城地区	124.0	127.3	135.5	144.6	1.3	2.2
博州	142.7	143.3	112.0	144.1	0.2	8.8
巴州	136.7	137.5	102.3	143.6	0.3	12.0
阿克苏地区	113.1	121.5	106.9	127.0	3.6	5.9
克州	101.5	105.0	108.3	112.8	1.7	1.4
喀什地区	109.7	114.9	119.1	108.9	2.3	−2.9
和田地区	122.1	121.1	102.5	99.1	−0.4	−1.1
合计	117.9	136.5	124.2	137.3	7.6	3.4

数据来源：《新疆统计年鉴》（2012—2018）。

4.1.5 优势产区生产变化情况

根据2016年《目标价格改革与新疆棉花基地发展关系研究》课题研究结果，经过测算新疆各地州棉花生产优势指数，并根据优势度划分标准，得出优势产区依次是阿克苏地区、博州、巴州、哈密地区、喀什地区和塔城地区及其相应的兵团团场；新疆棉花相对优势产区依次是吐鲁番地区、昌吉州、克拉玛依市、和田地区和克州；新疆棉花劣势产区是伊犁州直属县（市）和乌鲁木齐市，见表4-9。

表4-9 2016年新疆(含兵团)棉花产区优势度划分标准

优势度	标准	产区
绝对优势	$RCAI_i \geqslant 1$	阿克苏地区、博州、巴州、喀什地区、哈密地区、塔城地区及相应的兵团团场
相对优势	$0.5 \leqslant RCAI_i < 1$	吐鲁番地区、昌吉州、和田地区、克州、克拉玛依市
优势不足	$RCAI_i < 0.5$	伊犁州直属县(市)、乌鲁木齐市

注：$RCAI_i$为相对综合优势指数。

数据来源：《目标价格改革与新疆棉花基地发展关系研究》研究报告。

按照新疆棉花优势产区、相对优势产区和劣势产区地州布局，结合新疆棉花基地建设规划，在全疆各地州中，根据土地资源、气候资源、水资源和农业生产条件等标准进一步划分新疆棉花适宜棉区、次宜棉区和风险棉区的县(市)，适宜棉区44个县(市)、次宜棉区7个县(市)、风险棉区16个县(市)。其中，适宜棉区包括的44个县(市)中，南疆33个、北疆7个、东疆4个；次宜棉区包括的7个县(市)中，南疆5个、北疆2个；风险棉区包括的16个县(市)中，南疆4个、北疆10个、东疆2个。

2017年，新疆适宜棉区棉花种植规模为2 588.8万亩，占新疆地方棉花总种植规模的97.7%；次宜棉区棉花种植规模为24.8万亩，占新疆地方总种植规模的0.9%；风险棉区棉花种植规模为37.0万亩，占新疆地方总种植规模的1.4%。棉花目标价格改革政策实施以前，新疆适宜棉区规模稳步增长，次宜棉区和风险棉区扩张较快。在目标价格改革政策的实施和棉花供给侧结构性改革的影响下，适宜棉区、次宜棉区和风险棉区种植面积2017年较2014年分别减少了292.3万亩、10.8万亩和1.1万亩，降幅分别为3.5%、11.3%和1.0%，不同适应性棉区棉花种植面积增长速度排序为：风险棉区＞适宜棉区＞次宜棉区，见表4-10。

表4-10 2014—2017年新疆不同适宜性棉区棉花种植面积及变化

单位：万亩、%

区域划分	2014年 数值	2014年 比重	2015年 数值	2015年 比重	2016年 数值	2016年 比重	2017年 数值	2017年 比重	2014—2017年 年均增长率
适宜棉区	2 881.1	97.5	2 428.4	98.3	2 308.1	98.5	2 588.8	97.7	−3.5
次宜棉区	35.6	1.2	17.7	0.7	12.6	0.5	24.8	0.9	−11.3
风险棉区	38.1	1.3	25.4	1.0	21.6	0.9	37.0	1.4	−1.0
合计	2 954.8	100	2 471.5	100	2 342.2	100	2 650.6	100.0	−3.6

数据来源：《新疆统计年鉴》(2015—2018)。

2017年，新疆适宜棉区棉花产量为332.6万吨，占新疆地方棉花总产量的97.9%；次宜棉区棉花产量为3.1万吨，占新疆地方棉花总产量的0.9%；风险棉区棉花产量为4.2万吨，占新疆地方棉花总产量的1.2%。2014—2017年，适宜棉区和风险棉区棉花产量分别增加了2.6万吨和0.3万吨，年均增长率分别为0.3%和2.4%；次宜棉区减少了0.9万吨，降幅为7.5%；不同适宜性棉区棉花产量增长速度排序为：风险棉区＞适宜棉区＞次宜棉区，见表4-11。

表4-11 2014—2017年新疆不同适宜性棉区棉花产量及变化

单位：万吨、%

区域划分	2014年 数值	2014年 比重	2015年 数值	2015年 比重	2016年 数值	2016年 比重	2017年 数值	2017年 比重	2014—2017年 年均增长率
适宜棉区	330	97.7	293.6	98.4	281.2	98.5	332.6	97.9	0.3
次宜棉区	4.0	1.2	2.0	0.7	1.6	0.6	3.1	0.9	−7.5
风险棉区	3.9	1.2	2.9	1.0	2.6	0.9	4.2	1.2	2.4
合计	337.8	100	298.6	100	285.3	100.0	339.9	100.0	0.2

数据来源：《新疆统计年鉴》（2015—2018）。

2017年，新疆适宜棉区、次宜棉区和风险棉区棉花平均单产分别为118.0千克/亩、112.3千克/亩和74.6千克/亩，其中适宜棉区棉花平均单产是次宜棉区平均单产的1.1倍，是风险棉区平均单产的1.6倍。表明适宜棉区棉花平均单产较高，产出水平明显高于次宜棉区和风险棉区。从棉花平均单产增长速度来看，2014—2017年间适宜棉区、次宜棉区和风险棉区的年均增长率分别为2.2%、−1.3%和3.8%，不同适宜性棉区棉花平均单产增长速度排序为：风险棉区＞适宜棉区＞次宜棉区，见表4-12。

表4-12 2014—2017年新疆不同适宜性棉区棉花平均单产及变化

单位：千克/亩、%

区域划分	2014年	2015年	2016年	2017年	2014—2017年年均增长率
适宜棉区	110.4	111.5	110.4	118.0	2.2
次宜棉区	116.6	111.6	92.7	112.3	−1.3
风险棉区	66.8	75.9	70.0	74.6	3.8
合计	124.2	126.1	136.4	137.3	3.4

数据来源：《新疆统计年鉴》（2015—2018）。

通过上述分析不难看出，不同适宜性棉区中，次宜棉区的规模、产量和单产的增长均是最慢,可见目标价格改革政策实施以来,棉花价格直接影响植棉收益,次宜棉区调整农作物种植结构幅度较大,减少或退出棉花生产,也体现出棉花与其他作物的比较收益优势降低。

4.1.6 品种布局及品质结构现状

自 2000 年以来新疆棉花审定的品种数量有 100 多个,生产中使用的品种有些地县就多达 50 个,呈现多、乱、杂现象,导致棉花品质的一致性、稳定性难以保障。从表 4-13 可以看出,新疆种植面积在 50 万亩以上的主栽品种主要为南疆的新陆中系列和北疆的新陆早系列。这两大系列棉花品种的衣分率都在 40% 以上,普遍高于棉花衣分率的平均值,也是这两大系列棉花品种得以在全疆推广的原因之一。其中南疆新陆中系列中有 7 个品种和中棉 49 号,北疆的新陆早系列中的 3 个品种种植规模平均都在 100 万亩以上,每个品种推广种植面积占全疆植棉面积的 4%。在衣分率和推广种植面积上,南疆的新陆中系列和中棉系列整体上高于北疆的新陆早系列。

表 4-13 2018 年新疆(不含兵团)推广种植面积 50 万亩以上的品种

县市	种植面积 (万亩)	籽棉单产 (千克/亩)	棉花主栽品种
阿克苏地区	792.0	325.0	新陆中 46、66、50、68、48、67、37、64、42 号, 国审 A9-9
喀什地区	690.6	296.5	新陆中 28、73、37、38、55、59、54、66、67 号, 中棉 49、55 号
巴州	345.5	346.9	新陆中 38、69、72、54、58 号,新陆早 41、61 号
克州	16.5	287.0	新陆中 66、67、27 号,中棉 55、66 号,兆丰 28 号
和田地区	12.1	227.2	新陆早 35 号,中棉 39、43、46 号
塔城地区	359.8	372.6	新陆早 53、60、61、64、42、57 号
博州	152.7	348.0	新陆早 42、45、61、61-2、54 号
伊犁州	17.3	392.2	新陆早 42、36 号,金行 4 号
昌吉州	237.4	374.3	新陆早 57、61、72 号
哈密市	52.2	328.0	新陆中 46、22、50 号,天元 2、6、8 号
吐鲁番市	10.9	325.0	新陆中 57 号,中棉 43、46 号
乌鲁木齐市	0.6	298.4	新陆早 7 号
克拉玛依市	16.2	317.8	新陆早 42、45、61 号

资料来源:新疆维吾尔自治区农业农村厅。

根据中国纤维监测中心数据显示（表4-14）：2011—2018年新疆棉花品质结构主体为上半部平均长度28～29毫米，断裂比强度27～28厘牛顿/特克斯，马克隆值A、B级占比在70%～80%；2014年棉花目标价格实施以来，新疆棉花品质逐渐提高但变化不明显，2018年马克隆值A、B级占比显著提升。可见，新疆原棉在品质结构上同质化严重，缺乏绒长的多类型，长度、细度和强力匹配还不合理，很难满足纺织工业对原棉的多层次需求。

表4-14 2011—2018年新疆棉花公检质量数据

年份	上半部平均长度（毫米）	长度整齐度指数（%）	马克隆值A与B级占比（%）	断裂比强度（厘牛顿/特克斯）
2011	28.8	82.8	90.8	28.4
2012	28.5	82.6	96.2	27.6
2013	28.4	82.4	80.6	27.2
2014	28.3	82.7	88.6	27.9
2015	28.1	82.7	62.2	28.2
2016	28.6	82.9	79.7	27.8
2017	28.6	82.5	81.3	28.0
2018	29.1	82.5	88.7	28.6

数据来源：中国纤维质量监测中心。

棉花目标价格改革实施以来，虽然棉花品质有所提高，但仍然存在品种过多、高品质不足、品质结构不合理的问题，加之生产上过于追求产量、衣分，品种布局不合理等因素，直接影响新疆棉花走质量发展之路。经咨询专家所得：新疆棉花应加强中绒棉、长绒棉、中长绒棉、彩色棉和超级长绒棉多纤维类型育种，为生产提供可供选择的高品质棉花品种。据中国棉花协会统计，2017年我国纺织企业对中高端原棉（"双28.5"，绒长28.5毫米、比强度28.5厘牛顿/特克斯，马值A或B2级）的需求量约300万吨，而我国达标99万吨，缺口201万吨，中高端原棉缺口巨大。因此，提高新疆高品质棉花品种大面积生产迫在眉睫，尤其是加强"双29""双30"等高品质机采棉品种的选育和持续保持规模化生产质量。

另外，新疆是我国植棉跨度最大的省区，独特的自然气候特征，造成棉区品质分布多样性。而不同纤维类型的品种如果在适宜的生态条件下种植，可以充分发挥其品种优势，解决优质品种品质不优的问题，也有利于棉花生产向专用化、订单农业发展，更加适应市场和纺织企业对原棉多元化的需求。棉花专家李雪源（2005）已提出新疆棉区品质布局的初步细化方案，为新疆棉花品质布局和不同类型的品种布局提供参考依据。但是，随着新疆棉花提质增效的转型升级过程，棉花生产品种品质布局越来越迫切，新疆棉花品质区划还缺乏科学、合理、系统、全面的布局。

4.1.7 棉花机采现状

2010—2017 年，新疆机采棉的发展速度逐年加快，但是机采棉发展水平不平衡，新疆兵团与新疆地方之间差异较大。整体看，新疆兵团机采棉发展快于地方。2017 年，新疆棉花机采面积达 1 484.8 万亩，机采率达 44.6%，较 2010 年的 12.0% 增加了 32 个百分点；其中，新疆地方机采面积 660.5 万亩，机采率 25%；新疆兵团机采面积 824.3 万亩，机采率约 80%，兵团机采率高于地方 3 倍多，见表 4-15、图 4-11。据相关政府部门统计，2018 年新疆地方棉花机采率已达 40%，其中北疆地区可达 90%，南疆机采率仅为 20% 左右。

表 4-15 新疆棉花机采水平

单位：万亩，%

年份	新疆地方		新疆兵团		新疆	
	机采面积	机采率	机采面积	机采率	机采面积	机采率
2010	5.0	0.4	257.0	34.4	262.0	12.0
2014	297.0	10.1	679.5	64.7	976.5	26.9
2015	395.1	16.0	650.0	68.9	1045.1	30.7
2016	486.2	20.8	650.1	69.8	1136.3	35.2
2017	660.5	25.0	824.3	79.3	1484.8	44.6

数据来源：根据《中国农业机械工业年鉴》和《新疆生产建设兵团统计年鉴》整理。

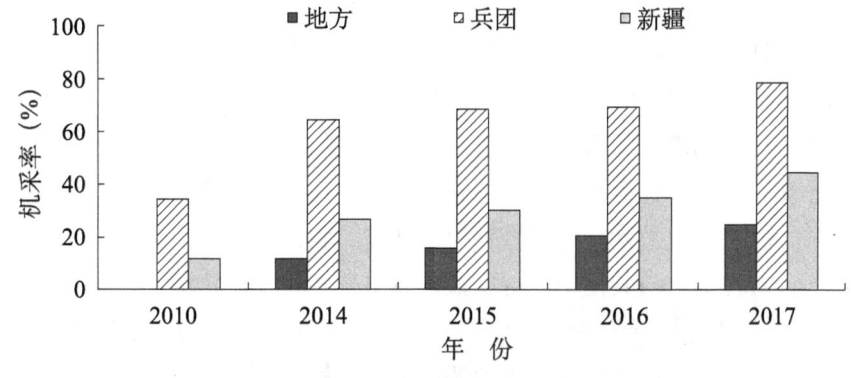

图 4-11 新疆棉花机采水平

棉花目标价格改革实施以来,全疆棉花机采面积由 2014 年 976.5 万亩,机采率仅有 26.9% 的水平,提高到 2017 年 1 484.8 万亩,机采率已达 44.6%,4 年间增长了 17 个百分点。其中,新疆兵团棉花机采模式栽培推行较地方更快,2017 年兵团机采率已接近 80%,可见,棉花目标价格政策实施以来,不仅促进了棉花生产效率的提升,也促进了机采栽培模式的推广和运用,机采棉发展迅速。

调研发现,新疆地方机采棉发展落后于新疆兵团的主要原因是:地方棉区土地规模化程度低,农机具购置补贴不足,棉农思想意识受限,品种、栽培模式、管理方式与机采棉体系不配套等原因。但是,新疆地方棉区机采棉发展具有较大潜力,北疆地区随着棉花目标价格改革的实施,土地规模化经营方式的转变,棉花机采率逐年增加,南疆地区由于人均棉花播种面积小(不足 10 亩),土地规模化水平较低,生产方式以小规模农户为主,中短期内以人工采摘为主,造成新疆地方棉花生产机采水平仍然偏低。因此,新疆植棉实现机械化首先要逐步实现南疆土地规模化经营,因地制宜发展多类型农民合作组织,带动小规模植棉户改变生产方式;其次,推广农机农艺配套的机采棉模式,从新品种选育、种植模式、栽培技术到机械采摘实现相互衔接配套。

4.2 目标价格改革对棉花生产经营主体影响分析

4.2.1 对棉农的影响

4.2.1.1 植棉意愿稳定,观念转变,优化结构意识增强

棉花目标价格改革政策的实施,由原来的"暗补"转为了"明补",减少了中间的环节,让植棉农户实实在在并且高效率地得到了政府的补贴,棉农收益得到保障,所以主要棉花生产区域的棉农愿意继续种植棉花,棉农对棉花种植技术掌握熟练,对植棉效益心中有数。

在新的市场需求的引导下,只有品质更高的棉花才能更好地得到市场认可,才能获得超过社会平均水平的利润,植棉户正在逐步转变观念,选择优良品种,改进种植技术。在安排种植计划时,农民将参考当年的棉花目标价格水平,对比棉花与其他作物的收益,自主选择种植作物种类,调研中发现北疆地区农民这种行为较为明显;北疆次宜棉区植棉户会主动退出棉花种植,种植经济效益高的作物,主动调优种植结构,这也是棉农市场意识提升

4.2.1.2 棉农收益得到保障

根据统计数据显示（表4-16），目标价格实施以来，随着种植成本的逐年增加，棉农收益由亏损逐渐盈利，棉农在获得补贴资金后，除了2015年由于天气原因，产量下降、收购价格也较低，导致棉花收益受到影响，亩均纯收益总体呈现增长，除去土地成本的亩均收益都为盈利，所以，目标价格补贴能够保障棉农的基本收益。

表4-16 目标价格改革以来新疆（地方）棉花生产效益对比

单位：元

年份	亩均产值	亩均成本	亩均收益	获取价格补贴后亩均收益	除去土地成本后亩均收益
2014	1 848.0	2 111.8	−263.8	180.6	471.7
2015	1 486.3	2 107.4	−621.1	−81.8	278.4
2016	2 158.6	2 115.1	43.5	299.1	679.5
2017	2 313.2	2 205.8	107.4	313.7	684.4
2018	2 068.1	2 191.7	−123.5	69.6	455.0

数据来源：根据《新疆农牧产品成本收益资料汇编》（2014—2018）测算。

2014年新疆地方棉花亩均产值1 848.0元，亩均总成本2 111.8元，亩均纯收益亏损263.8元，加上棉花目标价格每亩补贴444.4元，获取补贴后的亩均纯收益为180.6元，如不包括土地成本，亩均纯收益为471.7元。2015年棉花目标价格有所下调，且受当年天气影响，植棉收益有所下降。2015年棉花亩均产值1 486.3元，亩均总成本2 107.4元，亩均纯收益亏损621.1元，获取补贴后的亩均纯收益仍亏损81.8元，南疆四地州获取补贴后亩均收益60.7元（南疆四地州面积补贴141.8元/亩），基本持平，如不包括土地成本，亩均纯收益为278.4元。可见在目标价格下调的情况下，棉农收益也呈下降状况，但仍得到了基本保障。2016年在目标价格继续下调的情况下，棉花亩均产值2 158.6元，亩均总成本2 115.1元，亩均纯收益43.5元，获取补贴后的亩均纯收益299.1元，南疆四地州获取补贴后亩均收益369.5元（南疆四地州面积补贴70.4元/亩），如不包括土地成本，亩均纯收益为679.5元，南疆四地州纯收益749.9元。2017年目标价格保持3年不变，棉花亩均产值2 313.2元，亩均总成本2 205.8元，亩均纯收益107.4元，获取补贴后的亩均纯收益313.7元,如不包括土地成本,亩均纯收益为684.4元。可见,随着政策调整即便目标价格补贴标准下调,如果产量越高,质量越好,棉农收益随之增加。

从2015年开始,棉花目标价格改革将年度可用补贴总额的10%用于南疆四地州基本农户(含集体土地)兑付面积部分补贴,90%用于兑付全疆实际种植者交售量部分补贴。这一改革不但加大了对南疆四地州的扶持力度,而且即便目标价格下调,如果产量越高补贴越多。修订后的《实施方案》对保障新疆棉花质量和棉农基本收益都具有决定性的作用。

4.2.1.3 生产成本增加,植棉收益较低

根据文献检索,已有研究表明:目标价格实施以来,棉花与小麦、玉米等其他大田作物相比,已没有明显的比较效益优势。从近年棉花生产成本收益变化情况看,目标价格实施前后,新疆棉花生产总成本逐年增加,植棉收益偏低,总体低于改革实施前。这与目标价格实施由市场决定资源配置的棉花价格波动和生产成本中物质费用、人工费用较高有关(表4-17)。

表4-17 2011—2017年新疆植棉成本效益对比(每亩)

项目	2011年	2012年	2013年	2014年	2015年	2016年	2017年
产值(元)	2 212.9	2 442.4	2 474.3	1 848.0	1 486.3	2 158.6	2 313.2
主产品产量(kg)	108.9	119.3	114.7	122.2	108.4	120.3	131.0
总成本(元)	1 625.1	1 787.6	1 926.6	2 111.8	2 107.4	2 115.1	2 205.8
生产成本(元)	1 338.1	1 451.0	1 560.1	1 721.5	1 747.2	1 734.7	1 835.1
物质与服务费用(元)	779.8	760.0	792.8	875.0	887.3	823.9	907.0
化肥费(元)	202.7	213.8	198.2	235.5	249.9	222.7	224.1
农药费(元)	54.5	49.0	57.4	65.8	64.1	63.1	71.0
种子费(元)	55.6	51.6	53.6	58.4	53.5	54.4	58.4
人工成本(元)	558.4	691.0	767.3	846.5	859.9	910.8	928.2
家庭用工折价(元)	259.2	371.0	389.9	324.6	386.0	424.4	442.7
雇工费用(元)	299.1	320.0	377.5	522.0	474.0	486.4	485.5
土地成本(元)	286.9	336.6	366.5	390.3	360.2	380.4	370.7
流转地租金(元)	95.2	83.0	86.1	99.2	85.2	65.6	63.9
自营地折租	191.8	253.6	280.3	291.1	274.9	314.8	306.8
现金收益(元)	1 038.9	1 279.4	1 217.9	351.9	39.8	782.7	856.8
净利润(元)	570.6	588.4	439.3	154.0	125.7	14.7	35.1

数据来源:《新疆农牧产品成本收益资料汇编》(2011—2017)。

2014—2017年新疆植棉总成本呈波动中上升的趋势，主要表现为生产成本逐年递增。其中，生产成本中的物质与服务费用浮动持续增长，从2014年的亩均875.0元增长到2017年的亩均907.0元，每亩增长了32元，调研中发现主要是水费上涨，化肥、农药、种子等农资涨价；生产成本中人工成本每年递增，2014年亩均人工成本846.5元，到2017年增长到亩均928.2元，每亩增长了81.7元；由此可见，制约植棉成本居高不下的主要原因是人工成本逐年增长。

从表4-17可以看出，植棉农户的亩均净利润比目标价格改革之前明显减少，且减幅较大，2014年目标价格改革实施初年，亩均植棉净利润154.0元，较2013年（改革实施前）的亩均439.3元减少了285.3元。到2017年，亩均植棉净利润仅为35.1元，较2014年每亩又减少118.9元，随着植棉成本的逐年递增，籽棉收购价格较改革前下降，植棉净利润大幅减少，而改革实施以来棉花价格由市场供求决定，成本仍旧逐年增长，造成植棉净利润继续减少。可见，目标价格改革实施以来棉花价格由市场供求决定，成本居高不下，植棉净利润必然受到影响。对于小规模分散经营农户而言，随着成本增加，若没有目标价格补贴，植棉几乎没有收益，因此，棉农转变生产方式势在必行。

4.2.2 对植棉合作组织的影响

植棉合作组织是提高棉花产量、增加棉农收入、增强棉农生产积极性、稳定棉花种植面积十分重要的平台。目标价格改革以来，各类植棉合作组织在促进棉花规模化发展、增加植棉效益、提高生产水平、增加农民收入以及促进棉产业融合发展等方面发挥着积极作用，成为新疆现代棉产业发展进程中的重要载体。

4.2.2.1 目标价格改革以来棉花合作组织的发展现状

目标价格改革实施以来，新疆合作组织带动影响能力逐年增强，已成为新型农业生产经营组织的重要组成部分。北疆地区合作组织带动农民影响能力高于新疆平均水平，而南疆地区显著低于新疆平均水平。目前合作组织在为社员提供统一销售服务、统一购买生产资料服务方面已发挥积极作用，但是总体经营实力较弱。新疆种植业合作组织发展较快，从2015年的5 468个发展到2017年的6 156个，增加了688个，年均增速6.1%。新疆合作组织按牵头人身份划分主要有：以农民牵头创办、龙头企业牵头创办、农技服务组织牵头创办等几种形式，其中以农民牵头创办为主，占90%以上。据研究结果显示，塔城地区、巴州和阿克苏地区以龙头企业牵头创办的相对较多，伊犁州和阿克苏地区以基层农技服务组织为牵头相对较多。

据调查，目前新疆棉花合作组织主要分为开展农机服务的合作组织，以土地入股的植棉合作组织，以加工企业为主体的合作组织等模式。其中，以开展农机服务的合作组织有利于农民增收；以加工企业为主体的合作组织有利于提高棉花质量，在博州发展较好；以土地入股的植棉合作组织，有利于土地流转和土地规模化经营，在沙湾县实施效果明显。目标价格改革促进了棉花合作组织的发展。

4.2.2.2 目标价格改革对棉花生产合作组织的影响

（1）促进土地流转，有效带动棉花生产经营规模化。目标价格改革以来，小规模农户的植棉效益明显降低，一方面棉花生产成本不断增加，尤其是人工成本；另一方面小规模农户植棉生产效率较低，棉花生产受到排挤，因此，促进了合作经营组织的发展。小农户愿意将土地流转作为股份加入合作组织进行规模化生产，经过土地平整的地块便于机械化作业。合作组织通过统一购买种子、化肥等农资，统一农机作业，统一管理，统一采收和销售等服务，开展统一生产管理，规模化生产的棉花产量和质量都有所提高，销售价格也有所上涨，棉花生产效率显著提升，改变了以往棉农小规模分散经营的格局，形成了利益共同体。因此，目标价格改革促进了新疆棉花生产的组织化程度，有效带动棉花生产经营的规模化。

（2）合作组织植棉产量和植棉效益得到提升。据调查，棉花合作组织在植棉过程中为农民统一提供棉种，统一购买生产资料，使农民节约生产投入10%～15%，提高了植棉生产效率；合作组织的土地经过平整，便于机械化作业，组织农民统一播种、施肥、喷药、中耕、采摘，通过这种标准化植棉技术，不仅降低了植棉成本，而且使合作组织的棉花产量比小规模农户的棉花产量提高10%左右，植棉效益得到提高，按照目标价格补贴方式推算，棉农的收益显著提升。当棉花价格走低的时候，合作组织在与市场对接获取信息方面具有优势，可以有效降低风险，更好地保证植棉收益。

（3）推进以合作组织为载体的多种生产经营模式。由于南北疆植棉水平差异明显，目标价格改革以来，促进了棉花生产方式转变，生产经营规模化，各地州、县市出现了不同形式以合作组织为载体的生产经营模式。主要有：市场+大户+合作组织、企业+合作组织+农户、农技推广站+合作组织+农户、企业+合作组织+基地+农户等模式。其中，北疆以企业+合作组织+农户模式的龙头企业带动型棉花合作组织更有利于保障棉农的利益；南疆生产较分散，开展由龙头企业和农技推广站牵头的合作经营方式较为有效。总之，不同的合作生产经营模式在为农民提供农资、技术指导、统一销售等方面服务，解决了传统家庭植棉生产经营难以解决的问题，焕发出新的活力。

（4）推进了棉花生产标准化、机械化，增加棉农收入。棉花目标价格改革以来，激发了合作组织的活力，促进对流转的分散地块进行改造，平整土地，在此基础上采用精量播种、机采棉种植模式、智能化滴灌等标准化植棉技术，实现棉花生产标准化，同时为推进机械化生产奠定基础；合作社可在机耕、机种、病虫防治、化控、打顶、采摘等环节实现机械化，迅速降低人工成本。研究表明，机械化采收棉花较人工采摘每亩成本可降低400元左右。棉花合作组织生产实现标准化、机械化，不仅仅是降低成本，还有效提高棉花市场竞争力，增加农民收入。研究结果显示，棉花专业合作社成员收入一般比当地未入社农户高20%，甚至高1倍以上。

另据与相关部门座谈时的记录总结，一些棉花主要生产县采取生产托管方式开展棉花生产，取得显著效果。农户可将土地托管给提供专业化服务的组织，这些组织对农户地块进行代管，采用集中管理和统一农机服务，从种到收全过程服务，按照单位面积收取服务费，所得收成全部归农户所有。这种生产托管的方式也具有合作组织的规模化、机械化生产优势，在目标价格改革实施中，具有适应新时期棉花生产转型升级、带动农户增产增收的作用。

4.3 小结

通过棉花目标价格改革前后新疆棉花生产对比分析，以及改革对棉花生产经营主体的影响分析，总结出目前新疆棉花生产的特征、面临困境和目标价格改革对棉花生产经营主体的影响作用，具体归纳如下。

（1）目标价格改革以来新疆棉花生产特征和面临困境。

一是"全国棉花看新疆"的局面已经形成。2017年，新疆棉花种植规模和总产量已分别占全国的69.4%、80.8%，"全国棉花看新疆"的格局已经确立。其中，南疆棉花种植规模和产量均已占到全疆的2/3以上，南疆是新疆棉花生产的重要主产区。

二是棉花生产向优势产区进一步集中。全疆13个地（州、市）中，以南疆阿克苏地区、喀什地区、巴州，北疆塔城地区、昌吉州、博州的棉花生产水平较高，具有明显优势；全疆优势棉区棉花产能稳步提升，次宜棉区、风险棉区由于植棉比较效益下降，种植结构调整，棉花种植面积有所调减。

三是新疆发展高品质棉花任重而道远。全疆各地州棉花品种繁杂，普遍缺乏大规模种植的主栽品种或主导品种，棉花品质良莠不齐，棉花绒长、比强总体仍未大面积达到"双29"以上优质棉标准，棉花品质一致性不高，这些问题已成为制约新疆棉花产业发展的关键因素。

四是新疆棉花品种品质区划滞后。棉花品质区划可解决优质品种品质不优的问题，也有利于棉花生产向专用化、订单农业发展，更加适应市场和纺织企业对原棉多元化的需求，在新疆棉花提质增效的转型升级过程中，全面系统地出台棉花生产品种品质布局区划愈加迫切。

五是机采棉发展潜力空间仍然较大。目标价格改革以来推进了土地流转，促进了棉花规模化生产经营，新疆机采率由2014年26.9%的水平提高到2017年的44.6%，4年间增长了17个百分点，机采棉发展迅速。但是，南疆地区发展机采棉亟待提高小规模植棉户的组织化程度，逐步实现土地经营规模化，尽快与现代棉产业有机衔接。

（2）目标价格改革对棉花生产经营主体产生了一定的影响。

一是目标价格改革以来，主产区棉农的植棉意愿稳定，植棉观念发生转变，优化结构意识增强；补贴保障了棉农的基本收益；植棉生产成本逐年增长，尤其是人工成本，造成小规模农户植棉效益较低。

二是目标价格改革以来，促进了全疆不同形式的植棉合作组织发展，农民植棉的组织化程度得到提高。棉花合作组织在加速小农户土地流转、促进棉花规模化生产经营方式的转变、推进棉花生产标准化和机械化、提高产量、节本增效、增加棉农收入等方面都起到了积极的作用。

因此，目标价格改革实施促进了新疆棉花生产提质增效和生产的组织化发展，对以植棉合作组织为载体促进小规模植棉户与现代棉产业有机衔接，建立棉花产业链各环节的联动和融合发展机制具有重要的实践价值。

第5章

目标价格改革实施后新疆棉花生产经营主体行为分析

第5章 目标价格改革实施后新疆棉花生产经营主体行为分析

从第4章的论述可知，目标价格改革促进了新疆棉花生产的组织化、规模化和标准化发展程度，这就决定了目标价格改革对棉花生产经营主体行为产生影响。棉花生产者是目标价格改革直接作用实施的对象，因此，在目标价格实施注入市场调节作用的基础上，棉农、植棉合作社意识到棉花需求的新变化，虽然补贴能够保障基本收益，但是追求植棉质量、节本效益，适应加工、纺织企业的需求，使得棉花生产经营主体在生产行为上自觉或不自觉地发生了新变化。

5.1 棉花生产经营主体的行为特征及区域差异

5.1.1 农户行为特征

研究表明，农户作为一类特殊的经济行为主体，其生产行为选择是一个复杂的过程，这一过程是建立在农户个体特征和家庭特征基础之上，并受到认知水平、外部环境等多重因素的影响，且不同的内外部因素之间也相互影响、相互制约、相互促进。

根据行为经济学理论和国内诸多学者的研究观点，归纳总结出我国农户的行为特征主要表现在以下方面。

一是农户具有多重性目标。农户在家庭和社会承担了多重角色，既要养家糊口又要从事劳作，开展农业生产经营；其经济行为最主要的目标是追求家庭经济收入最大化，根据自身要素禀赋特征和获得的信息来调整农业生产经营行为以实现成本最低和收益最大，这也是农户从事生产劳作的基本激励因素；由于农户缺乏社会安全感，生产经营行为中的主要目标往往是规避风险，有时也有渴望得到社会认可的经济行为目标。同时，不同区域由于经济发展水平的差异，农户所追求的生产经营目标有所差异。因此，农户社会角色的多重性、经营目标的多重性以及区域经济发展的差异性决定了农户经济行为的多重性。

二是农户具有趋同性决策。农村现实生活中，农户普遍文化程度较低，自身缺乏创新能力，他们之间主要依靠邻里乡情获得农业生产信息，喜欢照搬或者效仿别人的经验，认为这样就能减少生产经营风险，因此，农户的决策具有趋同性。这种趋同性实际上也是农户行为具有较强的避险性，由于小农户对自然风险、政策变动、市场风险带来的各种风险具有较强的敏感性和规避倾向，因此在生产经营中的技术采用、经营管理方面保守，通过趋同性的决策来规避风险。

三是农户具有有限理性行为。农户经济行为的有限理性主要表现在自身的认知能力，虽然农户都追求利润最大化，但由于自身获取外部信息的不完全性，往往是求稳，以风险最小作为经营准则，因此，难以做到根据边际效益大于边际成本的原则来投入生产，这种行为决策缺乏科学性和预见性，往往并未达到收益最大化的目的；其次是农户的行为往往受所处社会关系网络的影响，受到乡土人情社会交往的影响，并不是完全依据现实而决策。

四是农户具有个体性经营。我国农村的历史和现实发展决定了农户的经济行为是以个体或者家庭为单元进行的。自改革开放以来，农村家庭承包责任制的实行从政策上决定了农户经营的个体性，但随着社会主义市场经济的发展，逐渐凸显出个体经营的弊端，经营土地面积小而分散，单位面积生产效率低下，机械化、信息化等科技生产要素很难投入实施，导致生产的农产品缺乏市场化的竞争力，但由于历史的原因、土地资源的限制和农户自身素质的限制，我国以小规模农户分散化经营为主的方式仍占很大数量比重并将长期存在。

结合已有农户行为理论认为，农户尤其是植棉农户的行为特征与中国大多数农户具有同样共性，但是针对新疆的自然特征、区域文化、政策环境等背景下的显著特色，主要有以下特征。

一是植棉农户决策的趋同性。调查中，南北疆植棉农户在棉种选择、栽培技术、采收方式、销售渠道的决策行为上保持谨慎态度，具有与同村、邻里一致的趋同性。根据费孝通的《乡土中国》，中国农村有其固有的乡土人情、乡土往来。因此，新疆乡村植棉农户之间也存在这种乡土往来方式，他们所处的地缘关系和社会关系网络的互动关系中形成了需要共同遵守的"道义"规则，同时也表现出农民自身具有趋避风险的意识和行为方式，往往在新品种、新经营管理方式的使用等方面持有保守观望的态度。

二是植棉农户的小规模化、分散性。当前新疆农业生产中，小农户占农民群体的大多数，棉花产业在南疆主产区棉花收入占到南疆农民收入的50%以上，部分县市高达70%，棉花产业在新疆农业农村经济中的地位不可替代。据统计，2018年新疆小规模植棉户达到59.5万户，户均种植面积不足20亩，而南疆四地州主产棉区户均种植面积仅为10余亩，新疆棉花生产主体仍以小农户为主，尤其是南疆地区耕地地块面积小而分散，土地细碎化问题突出，土地整合难度较大，因此以小而分散农户为主的基本面短期内不会改变。

三是植棉农户经济行为的兼业性。近几年，随着植棉效益降低，为了脱贫增加农民收入，区域性的劳动力转移政策，植棉农户的兼业化经济行为普遍存在。家庭劳动力的代际分工主要是中老年人从事农业生产经营活动，中青年外出务工或兼业增加非农收入；性别分工主要是妇女从事务农或家务，男性从事非农兼业就业，这种分工促使了植棉农户灵活规避风险。同时，与规模化的家庭农场或者农业经营组织相比，小规模农户的生产规模和经营手段很难随意改变，因此，植棉农户往往选择兼业来尽可能避免自然风险和市场风险带来的损失，抵御一定的风险，增加自己的安全感，兼业在规避植棉效益降低的同时增加家庭收入。

四是南疆植棉农户的贫困性、脆弱性。南疆主产棉区棉农大多数为贫困的少数民族农民。其贫困性主要表现在棉农综合素质普遍偏低，植棉规模小，国语普及率较低，信息闭塞，现代生产技术手段落后，经营管理水平较低；同时这些少数民族棉农安于现状，自我脱贫意识差，财富意识、积累意识、文明意识没有完全形成，陈规陋习现象严重；外向依赖思想严重，创新能力和内生动力严重不足，脆弱性明显，这与贫困性相辅相成，脆弱性导致贫困，甚至代际传递的贫困，直接影响对新知识、新技术、新事物的接受和掌握。

5.1.2 合作社行为特征

世界各国合作社发展的理论和实践表明，合作社是社员农户所有，并为社员农户利益服务的一种组织，是帮助单个小农户进入市场的有效制度安排。中国农民合作社的一个重要功能定位是联合或带动收入与地位较低的小农户脱贫致富。2007年《中华人民共和国农民专业合作社法》颁布实施以来，中国农民合作社进入快速发展阶段，并在增强小农户的市场进入能力、保障农产品质量安全、促进城乡融合等方面发挥了重要作用。

5.1.2.1 以农民为主体，联合扩大经营规模

根据《中华人民共和国农业专业合作社法》规定，农民专业合作社的成员中，农民至少应当占成员总数的80%。这就从制度上控制了单位或团体加入合作社的可能。农民合作社使分散的农户保持独立的财产主体和经营主体，通过集体销售农产品或集体购买农业生产资料等环节的联合，降低单位农产品的销售成本或单位农业生产资料及服务的购买成本，实现产前和产后规模经济。同时，通过合作社将农民的资金、劳动力、土地、市场组织起来，使农民有能力延长产业链条，发展农产品加工和销售，通过市场培育带动自己的产品，实现农产品的增值和农民的增收。

5.1.2.2 以专业化、集约化为标志

传统农户的农业生产"小而全"，兼业化经营倾向明显，生产的农产品商品率低，难以对接市场。各种类型的农民合作社，无论是生产为主还是服务为主，都专注于农业生产经营活动的某一个环节或领域，开展专业化的农业生产经营和服务活动，有利于提高农产品的商品率，顺应市场发展，满足市场需求。合作社充分避免了传统农户在资金、技术、装备上的劣势，不仅增加农业生产经营投入，还有效集成利用各类生产要素，大幅度提高了土地产出率、资源利用率和劳动生产率，有利于农业生产经营专业化、集约化。

5.1.2.3 以效率优先，兼顾公平为原则

农民合作社通过联合农户、把农户的经济利益联结在一起的纽带形式优化资源配置和农业生产资料，通过统一购销、集体生产、统一经营、共同商议等多种形式探寻提高有利于合作社发展的合理有效的农产品生产经营机制。农户加入合作社成为社员，建立在农民自愿的基础上，不受任何种族、宗教、社会的歧视，农民加入合作社充分体现了公平性原则，将一起参与到为合作社发展的服务中，也因此享有合作社服务范围、服务方式和服务内容等重大事项的表决权。同时，合作社的规范使小农户公平分享到合作社的利益增值。

5.1.2.4 具有互助性，不以营利为目的

加入农民合作社的成员，是农业生产、经营或服务的农业生产经营者，目的是通过合作生产、合作经营提高规模效益，完成单个农民办不了、办不

好、办了不合算的事，同时这种互助性的特点也决定了农民合作社不以营利为目的的经营原则，它是经济组织，但是具有非营利性。

通过以上分析并结合学者们的研究结论，新疆农民合作社的发展不仅具有以上显著特征，同时在合作社数量增长、入社人数、带动农户的能力以及为社员提供服务方面都具有明显增长的优势并发挥着积极作用。尤其是合作社在农产品统一销售与农业生产资料统一购买等经营服务中为入社农户成员解决了农产品销售问题，节约了农业生产资料的购买成本，这在一定程度上为入社农户成员增加经营收入发挥着积极作用。但是，新疆农民专业合作社在生产经营上的专业化程度不高，提供的服务也以初级为主，在管理和收益分配上还不规范，对实现增加农产品附加价值的经营实力仍然较弱，对于入社农户经营收入的持续增长缺乏保障。总之，新疆农民合作社已经发挥着组织带动、面向市场、增加收入的载体作用，但总体上处于起步阶段。

5.1.3 农户加入合作社行为及区域差异

研究结果表明，农户参与农民专业合作社行为是一种决策行为，农户参与行为是在满足自身主观意向的前提下，并综合考虑自身条件现状及外部环境基础上做出的理性选择。在做出理性选择的过程中，入社后能够带来的经济效益，是农户主观意向最关键的决定因素。因此，综合归纳起来农户加入合作社的行为特征主要表现在以下几个方面。

5.1.3.1 农户自身特征

农户自身特征对农户参与农民专业合作社行为主要体现在农户户主特征及农户经营特征两方面。农户户主一般来说是家庭的主要劳动力，传统观念是男性，也有其独立进行选择决策，因而是否参与农民专业合作社户主是直接决定人。诸多学者的研究表明，农户户主特征主要侧重于农户户主年龄、受教育程度、对农民专业合作社的现有认知等。

从理论上来讲，农户户主受教育程度越高即学历越高，其越容易接受新事物，对事物的认知较全面、客观，态度也较积极，因而，对于农民专业合作社的接受度越高，意愿也越强烈，可以说，与农户参与农民专业合作社的行为呈正向相关关系；从农户户主年龄角度来说，处于不同年龄层的人经历的事情不同，无论是从思想上还是行为方式上都有所差别。通常而言，年龄越大，思想和行为方式越保守，接受新事物程度越低，因此年龄大的户主对于参与农民专业合作社的行为持消极态度。同时，对合作社的认知不只是农户的年龄和受教育程度这些最基础的影响因素，还有这二者及其他因素共同作用下形成的影响因素。

5.1.3.2 农户经营特征

农户经营特征主要包括农产品的商品化程度、农产品结构以及专用投入。一般来说，农产品的商品化程度越高，农户的收入也越高。从销售渠道、销售价格、销售方式等多维度来提升农产品商品化程度，农民专业合作社有着比单个农户无法比拟的优势，这种优势也是吸引农户加入合作社的动机；就农产品生产结构而言，农户对于大宗农产品的生产经营经验较成熟，而对于地域特色农产品，生产规模小且布局分散，借助于农民专业合作社的销售优势来规避风险，获得更好经济收益，农户是十分有意愿的。农户专用投入是指从事农业生产的固定资产的投入，如农机具的购买。一般来说，这部分投入越高，农户希望入社规避风险的意愿就越强烈，因而，农户的专用投入与农户参与农民专业合作社的行为之间存在正向关系。

5.1.3.3 市场特征

从农产品价格波动和农产品销售两个角度看，农民专业合作社比起单一的农户都更具有抗风险的能力，通过合作组织可以降低农产品价格波动大而带来的农民经济效益损失；同时农产品销售渠道方面，农民专业合作社的销售渠道会多、广，比单个的农户要稳定，这也是农户愿意加入合作社的原因和动机，而且当农民看到收益影响降低、风险减小时，参与合作社的欲望就会越强烈。总体而言，当农户遇到的销售问题越多，则农户越会滋生对农民专业合作社的依赖，毋庸置疑，这将给农民专业合作社的发展壮大带来极大裨益。

5.1.3.4 区域环境特征

从政府对于农民专业合作社的扶持力度和农户对于农民专业合作社的满意度两个方面分析区域环境。目前，政府扶持力度的大小在一定程度上决定了农民专业合作社的运行状态，政府扶持力度大，则合作社的运行成本低、入社门槛低、宣传效果好，从而农户入社的积极性高；政府扶持力度低，各项优惠政策落实性低，导致农民专业合作社的运行成本上升，宣传不到位，外界认可度较低，因而对于入社行为起到了负面作用。农户对农民专业合作社的满意度体现在农户对合作社统一供种、统一种植、统一管理、统一销售等有效服务质量，若满意度高则会提升农户入社的期望；反之，则会羁绊农户入社的步伐。

另据调查发现，南北疆农户对植棉专业合作社的认知程度存在差异，北疆高于南疆，南疆农户认为合作社对棉花生产有影响的占31.5%；北疆农户认为合作社对棉花生产有影响的占55.6%，且年龄在中青年阶段（35～45岁）对农民专业合作社的认知度较高，受教育程度越高对农民合作社的认知程度越高。其中，南疆被调查农户中，年龄超过50岁认为合作社对棉花生产有影响的仅占到12.9%，认为合作社对棉花生产有影响最多的年龄群体集中在35～45岁，占到66.3%；而北疆农户中年龄超过50岁认为合作社对棉花生产有影响的占到33.6%，50岁以下认为合作社对棉花生产有影响的占到66.4%；南疆农户由于小农户特征明显，土地规模小、分散经营、贫困性、民族性等，再加之植棉技术相对传统、合作社这一新型经营主体发展较慢，因此农户对农民专业合作社的认知水平较低。

从农户加入合作社的意愿来看，南疆农户的意愿比北疆农户强烈，南疆被调查农户中70%以上农户有意愿加入合作社，他们中大多数回答是听说合作经营有很多好处，但是南疆农民合作社发展水平还很低，农民并没有真正感受到合作社的好处。由于南疆土地规模化水平较低，社会化服务水平较低，合作经营的成效不显著，甚至没有发展势头，很多挂着合作社的牌子却没有真正运行，农民虽然有意愿加入合作社，但是并没有感受到合作经营带来切身的实效，因此，南疆农户对植棉合作社对棉花生产的影响认知程度并不高。北疆主要产棉区的规模化效应已经显现，玛纳斯、沙湾、乌苏等县市已有运行较好的合作社模式，切实起到了增加收益、减少风险的作用。甚至也有农机大户、植棉大户的带动作用，无形中已经形成了农户邻里间的合作经营模式，他们中存在浓浓的乡土信任感，因此北疆农户对加入合作社的意愿并不强烈，他们甚至认为没有根本性的作用，只是套取国家扶持资金，但是他们认同这种合作经营的理念对棉花生产带来了根本性的影响，毋庸置疑。

5.2 目标价格改革实施以来棉花生产经营主体行为典型案例分析

调研中，针对南北疆不同层次的棉花生产经营主体开展了一对一访谈，并作了详细记录，通过整理与受访者的录音和笔记，选取目标价格改革实施以来主要棉花生产区域内能够代表不同棉花生产经营主体行为变化特征的例子，借鉴行为经济学理论，深入分析各棉花生产经营主体行为的显著变化及变化的原因，从典型案例分析中反映出目标价格改革实施对棉花生产经营主体的影响。

5.2.1 小规模农户行为分析

据统计，2018年新疆小规模植棉户达59.5万户，户均不足20亩，其中南疆五地州小规模植棉户达54.7万户，户均种植面积仅为10余亩，约占全疆小规模植棉户的92%，可见小规模植棉户主要分布在南疆，因此，针对小规模农户的行为变化分析选择南疆农户为例。根据调研情况总结分析，在棉花目标价格改革实施以来，由于目标价格补贴确确实实是保障了农民的基本收益，因此，对于南疆的小规模农户来说，在行为变化上主动性和积极性都不高，只是墨守成规、保守等待、期待价格的回升。具体阐述如案例一。

> **案例一**
>
> 巴音郭楞蒙古自治州尉犁县塔里木乡魏某，汉族，男，45岁，从事棉花种植20年，家庭人口4人，两人参加植棉生产，还从事其他兼业劳动，主要从事棉花加工、卖棉被等小生意。家庭自有耕地18亩，全部种植棉花，魏某说："我和妻子平时忙于地里的棉花生产，大儿子开了个棉花加工店，秋收以后他去帮忙，能添补点儿家里收入。棉花目标价格补贴以来，棉花效益不好，但是没有其他经济效益更好的作物可以替代，所以没想过不种棉花，也不想扩大种植面积，希望提高产量，棉花价格尽快回升。"
>
> 2013年，亩产籽棉350千克左右，物质成本投入1 000元/亩，人工采摘费2元/千克左右，籽棉收购价格大约8元/千克，植棉收入可达2万元，家庭年纯收入5万元左右。2014年目标价格实施以后，在物质成本投入不变的情况下，亩产籽棉300千克，人工采摘费2元/千克，籽棉收购价格6.5元/千克，植棉收入不足7 000元（不含补贴），比上年有所降低；2014年目标价格补贴南疆面积按268元/亩、产量按0.68元/千克计算，魏某共拿到补贴款8 000元左右，2014年魏某家庭植棉

收入15 000元左右。魏某说:"2014年由于天气原因,而且缺水,棉花产量减少了,籽棉收购价也降低很多。"2015年,魏某担心棉花价格仍然低,不敢投入,在棉花种植物质成本上仍保持与上年不变,亩产籽棉250千克,籽棉收购价格5.5元/千克,人工采摘费2元/千克,结果当年植棉收入比上年下降且亏损2 000元;2015年目标价格补贴南疆面积按141元/亩、产量按1.98元/千克发放,魏某共拿到补贴款11 000元,2015年魏某家庭植棉收入仅9 000元。魏某说:"如果没有补贴的话这一年是赔钱的,白辛苦。"2016年,魏某觉得前两年籽棉收购价格很低,棉花持续减产,因此在植棉物质成本上仍然投入1 000元/亩,结果亩产籽棉300千克,籽棉收购价格6.5元/千克,人工采摘费2元/千克,植棉收入6 000元左右;2016年目标价格补贴标准降低,南疆按面积70.4元/亩、产量0.85元/千克发放,魏某拿到补贴款6 000元左右,2016年魏某家庭植棉收入12 000元。

从这个普通小规模植棉农户的例子可以看出,2014年目标价格改革实施以来,对于南疆小农户来说,如果没有减少棉花种植面积的行为,也没有增加种植成本或者加入合作社等其他行为变化,棉农的种棉效益是亏损的,只有拿到目标价格补贴款,才能略有盈余。2015年,在籽棉收购价格持续降低的情况下,加上目标价格补贴款,大多数小农户植棉效益是持平的。2016年,籽棉收购价格有所回升,但目标价格补贴标准有所降低,实施三年一变,虽然拿到的补贴款有所减少,但是植棉收益较上年略有提高。从实施三年的补贴政策来看,对于生产行为变化不显著的小农户来说,植棉收益变化也不显著,但是目标价格补贴能够保障棉农的基本收益。

因此,目标价格改革虽然保证了普通农户的基本收益,但是以家庭为单位的小规模植棉效益较低,单打独斗的小农户已经不能适应现代棉产业生产经营体系的发展,加之农户具有心理账户、禀赋效应、厌恶损失等决策行为,也制约着小农户自身的发展能力。

5.2.2 植棉大户行为分析

本研究将农户棉花种植面积在100亩以上的界定为植棉大户,结合南北疆调研情况,植棉大户在目标价格实施以来,在棉价偏低、棉花产业链各环节利益联结更紧密的情况下，植棉大户在生产行为上主要通过改进生产方式和机械化作业，降低成本，利润摊薄，规模化效应有所显现。具体阐述如案例二。

> **案例二**
>
> 玛纳斯县六户地镇四面分别与兵团石河子的团场接壤，棉花生产方式较先进，植棉效益较好。棉花是该镇农业生产的主要农作物，而且没有较好的种植结构可以替代，农户规模化、机械化种植技术已逐渐形成，农民植棉效益有保障、有收益。
>
> 张某，50岁，汉族，家庭人口3人，其中2人务农，家庭现有耕地110亩，其中74亩是承包地，全部用来种棉花。据张某介绍，2013年以前到2017年，他家经营土地面积没有变化，一直是110亩，而且全部种棉花。2014年棉花目标价格改革实施以前，他家种棉物质成本投入1 000元/亩左右，土地承包费400元/亩，人工采摘费2元/千克，亩产棉花300千克左右，种棉收入可达6万元。2014年棉花目标价格改革实施以来，种棉总成本变化不大，虽然镇上统一联合兵团种了机采棉品种，机采成本降低了，但是土地承包费涨了，每亩总投入大概节省100元左右。2015年，由于天气原因棉花产量有所降低，亩产棉花260千克，当年棉价仅有4.4元/千克（籽棉），当年家庭植棉亏损7万元左右，加上补贴收入，基本弥补了亏损。2016年，张某家仍然种植棉花110亩，亩产达到360千克，当年籽棉收购价6元/千克，收益4万元（不算补贴）。虽然棉花目标价格补贴标准有所降低，但是按产量补贴，当年加上补贴款收益10万元有余。2017年，张某说他还想再多承包一些土地，购置农机具，服务自己也服务周边，还可增加收入。张某感慨棉花目标价格改革的实施，激发了他植棉的积极性。

从这个种植大户的例子可以看出，棉花目标价格实施以后，棉价偏低，对种植大户来说亏损更多；但是如果生产行为方式发生变化，通过机械采收后，与人工采收相比，种植成本可以降低100元/亩左右，如果亩产籽棉达到300千克以上，就可以有薄利，如果亩产达到350千克，规模化效应进一步凸显。

调研中还发现，北疆昌吉州昌吉市佃坝乡的植棉大户在2014年棉花目标价格实施当年种棉没有效益，2015年与制种公司签订订单改种制种玉米、油葵等其他农作物，有效避免了棉价偏低带来的植棉效益不景气，当2016年棉价回升，这些土地经营大户又继续种棉花，生产行为方式极其灵活，并有效避免了风险。这也说明对于土地规模化、种植机械化程度较高的大户来说，种植的规模效益已显现。同时，他们的思想意识更具有主动性，更有规避风险的自觉意识。

5.2.3 棉花合作社行为分析

在适应目标价格改革的探索发展中，南北疆植棉合作社的组织化、专业化特点正逐步显现，不仅有效避免了单一经营的高成本、高风险，也体现出联合与合作经营的标准化、高效化，同时合作社也是连接市场最有效的载体，在整个棉产业发展中起到了重要的衔接作用，具体阐述见案例三、案例四。

案例三

沙湾县某植棉合作社由9户农民发起组建，于2007年3月正式成立。主要经营农资、农民土地流转、棉花及其他经济作物的统一种植、采摘、销售。合作社现有社员268户，其中土地入股社员69户，现金入股社员67户，固定资产1 000余万元。现流转土地面积14 000亩，覆盖4个村和平原林场。合作社现有棉花种植基地、农业高效节水服务队、农机化作业服务队。

该合作社在目标价格政策实施以来，为探索土地规模经营模式，促进农民增收，积极探索适应新形势下的棉花生产和经营方式，大力调整种植结构，确保经营效益，带动基地周边村大力发展"联户经营"，主要采用吸纳土地入股、统一经营管理、拓宽经营领域等模式，具体做法包括以下几个方面。

土地流转：合作社流转土地采用租赁经营、土地托管和土地入股经营3种模式，其中土地入股所占比例最大，达到70%左右。

统一经营管理：合作社采用万亩连片规模化种植及公司化服务，集成应用滴灌自动化、良种良法、测土配方施肥、病虫害综合防治、全程机械化，严格按照"统一整地、统一播种、统一品种、统一田管、统一收获、统一销售"的"六统一"模式管理。

> 拓宽经营领域：组建了30人的农业高效节水服务队、农机化作业服务队，向周边村镇辐射开展服务，打造棉花种植基地。
>
> 劳动力就地转移：土地流转后的农民20%左右被聘回在种植基地负责经营管理，80%的农民到农业高效节水服务队、农机化作业服务队工作，实现了剩余劳动力就地转移，增加农民收入。

通过以上案例分析，北疆沙湾县某合作社在棉花目标价格改革实施以后主要取得以下效果：一是合作社集中管理、种植，便于大型机械作业，提高了农机作业效率，降低了成本，促进了农业机械化发展；二是合作社通过规模化种植，采用"六统一"的管理种植模式，提高了产量，降低"三丝"提升棉花纤维的一致性，棉花销售价格高于市场价，大大增加了农民增收空间；三是合作社带动和优质的农机社会化服务有效地促进了沙湾县的土地流转，为土地规模化经营打下坚实基础；四是合作社按照农民地租收入、土地股金收益、参与管理收益、劳动务工等多元化增收目标，2015年在当年棉价下滑、产量不高的情况下农民分红率比合作社承诺的高出88个百分点，入股土地每亩收益达1 000元；五是合作社100%吸纳了土地流转户劳动力，解决了劳动力转移问题，增加了农民收入。

> **案例四**
>
> 阿克苏某棉业股份合作社，是南疆地区一家以棉花种植为主的合作组织。2014年棉花目标价格改革实施以来，为适应市场需求，棉花生产提质增效，该合作社一方面大规模实施订单农业，通过向棉农免费提供种子，全额赊欠化肥、地膜、滴灌带、农药等种植需要的全部生产资料，并全程提供技术指导和机械化服务的方式，推进订单农业；另一方面加快推进土地流转，通过对流转的土地进行高标准农田建设，实施规模化、机械化、标准化种植。同时，积极通过实施高效节水增收试点项目，节本增效，生产成本每亩能够节省200元左右，每亩纯收入较该项目实施前增加300元左右。合作社通过这些方式建立了标准化的优质棉生产基地。具体做法包括以下几个方面。
>
> （1）土地流转的方式主要为土地租赁、土地入股，流转土地类型主要为基本农户土地，同时解决部分土地流转农户转移就业问题。

> （2）统一经营管理：合作社对流转土地进行平整，聘用兵团技术员和当地种植能手，严格按照"统一整地、统一播种、统一品种、统一田管、统一收获、统一销售"的"六统一"模式管理，控制棉花质量，实现棉花提质增效。
> （3）依托当地大型农机合作组织和自购大型农机（包括采棉机）实现棉花种植全程机械化、规模化作业。
> （4）通过实施高效节水项目，真正实现节本增效，不仅产量有所提高，棉花品质也较高。

通过以上案例分析，南疆某合作社在棉花目标价格改革实施以后主要取得以下效果：一是在种植方式上注意与市场需求的衔接，按照扎花、纺织需求采用的管理种植模式，提高了产量，降低"三丝"提升棉花纤维的一致性；二是采用规模化种植模式，便于大型机械作业，提高了农机作业效率，降低了成本，间接刺激了南疆地区棉花种植全程机械化发展；三是有效实施高效节水项目，不仅节本增效，同时积极落实新疆关于水资源管理"三条红线"制度，有利于获得政府的支持和鼓励措施；四是可吸纳劳动力转移就业。

综上所述，通过不同生产经营主体行为的案例比较分析，小农户生产经营具有局限性；规模经营、合作经营不仅有利于集约化、标准化生产技术的运用，而且有利于提高棉花生产效率、节约成本、提高效益，实现棉花生产提质增效。因此，加快推进小规模植棉户与现代棉产业的有机衔接势在必行。

5.3 小结

通过比较分析不同棉花生产经营主体行为特征，结合典型案例分析目标价格实施前后不同生产经营主体行为变化，主要得出以下结论。

（1）分析总结出南北疆植棉农户具有决策的趋同性、小规模分散性、经济行为兼业性、贫困性和民族性的特征；农户加入植棉合作社的主要特征是户主的年龄、受教育程度、对合作社的认知程度、农户生产出的农产品的商品化程度、农产品结构、农民对合作社的满意度等。

（2）在目标价格改革实施和棉花产业转型升级的现代棉产业发展进程中，新疆棉花生产经营主体的行为方式特征主要体现在以下方面。

①植棉机械化程度、物质投入成本决定了农户的植棉效益。机械化程度越高，效益越显著，物质投入越多，植棉效益越高。

②其他作物的可替代程度决定了农户植棉的决策行为。当农户选择种植其他作物可获得的收益高于种植棉花时，就会灵活调整种植结构。

③农户组织化程度决定了植棉效益的可持续性。棉农通过合作组织规模化、专业化、集约化生产，组织化、信息化程度与市场连接，实现高效的产品和收益，趋避单个小农户植棉风险。

（3）通过小农户、种植大户和合作社植棉生产行为的典型案例分析，目标价格改革政策实施以来，规模化经营、合作经营、节本增效、提质增效是新疆棉花生产的必然选择，也是向现代棉产业转型升级的必由之路。然而，新疆棉花生产仍然以小农户为主的生产经营格局，尤其南疆地区，小农户生产效率低、植棉效益低，已严重阻碍了现代棉产业的发展，因此，一方面提高农户的自身发展能力，创新和加强对小农户的支持政策；另一方面鼓励小农户积极参与和适应不同形式的规模化经营、合作经营体系，促进小规模植棉户与现代棉产业的有机衔接，已成为新时期新疆发展高效优质现代棉产业的关键所在。

第6章

农户植棉行为意愿影响因素研究

第6章 农户植棉行为意愿影响因素研究

为了研究棉花目标价格改革对棉农行为意愿的影响，课题组在研读借鉴计划行为理论的基础上设计问卷，先后于2016年和2017年对南北疆主要棉花生产区域的12个县市开展全面深入的调研，与植棉户一对一地问卷调查，与行政部门人员开展座谈，从不同层面了解目标价格改革的实施效果；通过整理调查样本数据，依据计划行为理论，针对南北疆棉区分别构建结构方程模型（Structural Equation Modeling，SEM），探究目标价格改革对棉农植棉行为意愿的影响因素，进一步从农户的角度评价棉花目标价格改革的效果。

6.1 样本数据的描述性统计分析

6.1.1 问卷设计思路

在理解和领悟计划行为理论，参阅大量有关农户行为意愿影响因素研究文献的基础上，根据本课题具体研究目的和内容的需要，设计并确定了调查问卷内容，然后咨询有关专家，结合专家给出的意见和建议及新疆棉花生产的实际情况，进行调整和修改，最终确定调查问卷主要包含以下内容（具体见附录）。

第一部分是农户的基本特征。主要是了解被调查农户的个人和家庭基本信息，包括年龄、性别、民族、文化程度、家庭人口、耕地面积等，以便分析棉农及其家庭的整体情况及其棉花生产行为。

第二部分是农户家庭生产经营状况。主要是调查农户家庭近几年植棉投入产出和收益情况，摸清目标价格改革补贴发放情况，掌握目标价格改革对农户植棉收益的影响，目标价格补贴方式和保障农民收益情况。

第三部分是农户行为意愿影响因素。根据计划行为理论，将影响因素分为行为态度、主观规范、感知行为控制、行为意愿和生产行为5个方面，每个方面设计4～5个变量，共24个变量，据此建立结构方程模型，实证棉农行为意愿的影响因素。

第四部分是棉农满意度。主要针对目标价格改革内容，采用李克特五分量表法进行满意度打分，了解农户对补贴具体实施的满意程度。

6.1.2 数据来源

本研究数据来源于2016年7月至2017年9月对新疆主要产棉区的6个地州12个县（市）22个乡（镇）开展的棉农问卷调查。具体选取棉花生产最主要的博尔塔拉蒙古自治州博乐市、精河县，塔城地区沙湾县，昌吉回族自治州昌吉市、玛纳斯县、呼图壁县，巴音郭楞蒙古自治州尉犁县、库尔勒市，阿克苏地区库车县、阿瓦提县，喀什地区巴楚县、疏勒县开展问卷调查，能够较充分反映目标价格改革对南北疆棉农生产行为的影响程度。

课题组采用随机发放问卷形式选取调查对象，为了保证问卷的质量，课题组针对问卷内容向棉农逐一说明，确保回收问卷的真实性和有效性。调查共发放问卷586份，回收538份，有效率91.8%。其中，北疆获取有效问卷290份，占53.9%；南疆获取有效问卷248份，占46.1%。样本分布见表6-1。

表6-1 调查样本分布

区域	地区	样本分布	户数	比例（%）
北疆	博州	博乐市	40	7.4
		精河县	47	8.7
	塔城地区	沙湾县	60	11.2
	昌吉州	昌吉市	44	8.2
		玛纳斯县	51	9.5
		呼图壁县	48	8.9
	小计		290	53.9
南疆	巴州	尉犁县	22	4.1
		库尔勒市	24	4.5
	阿克苏地区	库车县	56	10.4
		阿瓦提县	52	9.7
	喀什地区	巴楚县	43	8.0
		疏勒县	51	9.5
	小计		248	46.1
总计			538	100

6.1.3 样本农户特征分析

6.1.3.1 农户年龄状况

调查结果见表6-2。可以看出，被调查农户的年龄主要集中在35～55岁，占被调查总人数的70%以上，南北疆均是45～55岁的被调查农户人数居多，分别占46.9%和30.6%。比较南北疆被调查农户，北疆被调查农户年龄略小于南疆，南疆被调查农户年龄超过55岁的占27.4%。

被调查农户年龄分布在不同阶段。其中，北疆25～35岁仅有14人，占北疆被调查总人数的4.8%；35～45岁有103人，占35.5%；45～55岁有136人，占46.9%；55岁以上有37人，占12.8%。南疆25岁以下有3人，占南疆被调查总人数的1.2%；25～35岁有37人，占14.9%；35～45岁有64人，占25.8%；45～55岁有76人，占30.6%；55岁以上有68人，占27.7%。

表6-2 被调查农户的年龄分布

年龄阶段	北疆		南疆	
	人数（人）	比例（%）	人数（人）	比例（%）
25岁以下	0	0	3	1.2
25～35岁	14	4.8	37	14.9
35～45岁	103	35.5	64	25.8
45～55岁	136	46.9	76	30.6
55岁以上	37	12.8	68	27.4
合计	290	100	248	100

在被调查的538户农户中，北疆农户年龄层次主要集中在35～45岁和45～55岁，35岁以下和55岁以上的占很小比例；而南疆农户年龄主要分布在35～45岁、45～55岁和55岁以上。

6.1.3.2 户主性别状况

户主性别分布见表6-3。可以看出，北疆户主为男性的有273人，占94.1%；户主为女性的有16人，占5.9%。南疆户主为男性的有239人，占96.4%；户主为女性的有9人，占3.6%。由于受传统观念的影响，户主一般由男性担当，受访南北疆农户中，户主绝大多数为男性，极少数为女性。

表 6-3　被调查农户的户主性别分布

性别	北疆		南疆	
	人数（人）	比例（%）	人数（人）	比例（%）
男	273	94.1	239	96.4
女	17	5.9	9	3.6
总计	290	100	248	100

6.1.3.3　民族状况

被调查农户的民族类别主要涉及汉族、维吾尔族和回族，其中北疆被调查农户以汉族为主，南疆被调查农户以维吾尔族为主。在北疆受访的 290 户农户中，汉族农户有 273 人，占 94.1%；少数民族农户有 17 人，占 5.9%。南疆受访的 248 户农户中，汉族农户为 46 人，占 18.3%；少数民族农户为 206 人，占 81.7%（表 6-4）。

表 6-4　被调查农户的民族分布

族别	北疆		南疆	
	人数（人）	比例（%）	人数（人）	比例（%）
汉族	273	94.1	46	18.3
少数民族	17	5.9	206	81.7
总计	290	100	248	100

6.1.3.4　文化程度状况

北疆 290 户被调查农户中，没有上过学的有 14 人，占 4.8%；小学文化程度的有 34 人，占 11.7%；初中文化程度的有 178 人，占 61.4%；高中或者中专文化程度的有 57 人，占 19.7%；大专及以上文化程度的有 7 人，占 2.4%。南疆 248 户被调查农户中，没有上过学的有 10 人，占 4.0%；小学文化程度的有 73 人，占 29.4%；初中文化程度的有 136 人，占 54.8%；高中或者中专文化程度的有 28 人，占比 11.3%；大专及以上文化程度的只有 1 人，占比 0.4%。根据数据整理得知，南北疆农户文化程度均集中在初中阶段，其次北疆是高中文化程度占比较高，南疆则是小学文化程度占比较高，可见被调查农户中，南疆农户受教育水平略低于北疆农户（表 6-5）。

表 6-5 被调查农户的文化程度

文化程度	北疆		南疆	
	人数（人）	比例（%）	人数（人）	比例（%）
没有上过学	14	4.8	10	4.0
小学	34	11.7	73	29.4
初中	178	61.4	136	54.8
高中或中专	57	19.7	28	11.3
大专及以上	7	2.4	1	0.4
总计	290	100	248	100

6.1.3.5 家庭人口状况

调查数据显示，被调查的北疆农户中，家庭人数为 3 口及 3 口以下的有 128 户，占 44.1%；家庭人数有 4～5 口的 149 户，占 51.4%；家庭人数在 5 口以上有 13 户，占 4.5%。被调查的南疆农户中，家庭人数在 3 口及 3 口以下的有 43 户，占 17.3%；家庭人数在 4～5 口的有 120 户，占 48.4%；家庭人数在 5 口以上的有 85 户，占 34.3%。北疆农户家庭人数主要为 5 口及以下，而南疆农户家庭人数主要为 5 口及以上，南疆农户家庭人口数多于北疆农户家庭，见表 6-6。

表 6-6 被调查农户的家庭人口数

家庭人口数	北疆		南疆	
	人数（人）	比例（%）	人数（人）	比例（%）
3 口及以下	128	44.1	43	17.3
4～5 口	149	51.4	120	48.4
5 口以上	13	4.5	85	34.3
总计	290	100	248	100

调查中，针对农户家庭人口中兼业人数做了统计，南北疆农户家庭兼业情况呈现显著差异，北疆农户家庭中无人兼业，做职业农民的家庭占 53.6%，达一半以上，而南疆农户家庭中大部分有兼业人口，且主要集中在有 1～2 人短期外出务工，占 80.6%（表 6-7）。

表 6-7 被调查农户的家庭人口中兼业人数情况

兼业人数	北疆		南疆	
	人数（人）	比例（%）	人数（人）	比例（%）
0	125	53.6	24	9.5

续表

兼业人数	北疆		南疆	
	人数（人）	比例（%）	人数（人）	比例（%）
1～2人	100	42.9	203	80.6
3人及以上	8	3.4	25	9.9
总计	233	100	252	100

6.1.3.6 耕地面积状况

被调查的南北疆农户耕地面积差异较大，北疆农户的耕地面积多数为100～200亩，占36.6%；南疆农户耕地面积主要集中在50亩以下，占71.8%；耕地面积在200亩以上的，北疆农户有29.3%，南疆农户仅有5.2%。可见北疆农户土地经营的规模化程度高于南疆（表6-8）。

其中，北疆290户被调查农户中，50户耕地面积在50亩以下，占17.2%；49户耕地在50～100亩，占16.9%；106户耕地在100～200亩，占36.6%；85户家中耕地在200亩以上，占比29.3%。南疆248户被调查农户中，耕地面积在50亩以下有178户，占71.8%；耕地面积在50～100亩的有39户，占15.7%；耕地面积在100～200亩的有18户，占7.3%；耕地面积在200亩以上的有13户，占5.2%。

表6-8 被调查农户的耕地面积

耕地面积	北疆		南疆	
	数值（户）	比例（%）	数值（户）	比例（%）
50亩以下	50	17.2	178	71.8
50～100亩	49	16.9	39	15.7
100～200亩	106	36.6	18	7.3
200亩及以上	85	29.3	13	5.2
总计	290	100	248	100

6.1.3.7 棉花种植面积

在被调查农户中，北疆农户种植面积在50亩以下的仅占19.7%，南疆则占75.4%，南疆多数农户棉花种植面积以5～10亩的小规模为主；北疆农户种植棉花面积相对较大，50～100亩的占21.7%，100～200亩占33.4%，200亩以上占25.2%（表6-9）。

表 6-9 农户棉花种植面积情况

棉花种植面积	北疆		南疆	
	数值（户）	比例（%）	数值（户）	比例（%）
50 亩以下	57	19.7	187	75.4
50～100 亩	63	21.7	34	13.7
100～200 亩	97	33.4	13	5.2
200 亩及以上	73	25.2	14	5.6
总计	290	100	248	100

6.1.3.8 籽棉平均产量

南北疆农户 2014—2016 年籽棉产量见表 6-10。可以看出，3 年南北疆平均籽棉产量差异明显，北疆农户籽棉产量明显高于南疆，被调查的北疆农户 3 年平均籽棉产量大多可达 300～400 千克/亩，而南疆农户 3 年平均籽棉产量多在 300 千克/亩以下，其中亩产 200 千克以下的农户仍然占 25% 的比例。

其中，北疆农户 3 年平均籽棉产量在 200 千克/亩以下的占 8.8%，200～300 千克/亩的占比 15.0%，300～400 千克/亩占 58.5%，400 千克/亩以上占 17.6%；南疆农户 3 年平均籽棉产量在 200 千克/亩以下的占 25.4%，200～300 千克/亩占 52.7%，300～400 千克/亩占 19.2%，400 千克/亩以上占 2.7%。

表 6-10 2014—2016 年 3 年籽棉平均产量

产量	北疆		南疆	
	数值（户）	比例（%）	数值（户）	比例（%）
200 千克/亩以下	21	8.8	64	25.4
200～300 千克/亩	35	15.0	133	52.7
300～400 千克/亩	136	58.5	48	19.2
400 千克/亩以上	41	17.6	7	2.7
总计	233	100	252	100

综上所述，通过随机抽取的南北疆 538 份调查问卷分析，可以看出被调查农户的特征结果，北疆受访农户的受教育程度、农民职业化程度以及植棉规模化程度、植棉技术水平均明显高于南疆农户。

6.2 研究假设与模型构建

6.2.1 研究假设

计划行为理论（Theory of Planned Behavior，TPB）是社会心理学中关于个体行为生成的最重要的理论之一。该理论认为行为意愿是个体行为最直接的影响因素，而行为意愿本身则是态度、主观规范和感知行为控制3个要素综合作用的结果。

结合棉花目标价格制度内涵、南北疆棉农生产实际，依据实地调研数据，采用计划行为理论和结构方程模型构建棉花目标价格制度对南北疆棉农生产决策行为影响的假设模型，为此提出以下研究假设：

假设1：农户植棉行为意愿与植棉生产行为正相关；

假设2：农户的行为态度与农户植棉的行为意愿有显著正相关；

假设3：主观规范与农户植棉的行为意愿有显著正相关；

假设4：农户感知行为控制与农户植棉行为意愿有显著正相关。

6.2.2 变量选取和模型构建

根据计划行为理论、假设模型、专家咨询，结合研究区域棉花生产、补贴情况，研究变量选取涵盖了新疆棉花目标价格制度实施3年来可能对农民生产行为意愿影响的因素。研究中涉及5个潜变量，24个观测变量。5个潜变量包括行为态度、主观规范、感知行为控制、行为意愿和生产行为。其中，态度潜变量包括对棉花目标价格制度的必要性、满意度评价、棉农收益等6个观测变量；主观规范潜变量包括外界宣传手段、补贴方式、补贴标准等5个观测变量；感知行为控制潜变量包括技术、资金、劳动力等4个观测变量；行为意愿潜变量包括想要增加或减少种植规模、降低成本、了解市场信息等6个观测变量，生产行为潜变量包括改变种植规模、更换品质好的品种和加入合作社3个观测变量。具体内容见表6-11。

表6-11 模型变量及其含义

潜变量	观测变量	观测变量含义
态度	必要性	棉花目标价格改革的必要性
	棉花产业发展	棉花目标价格改革对棉花产业发展影响

续表

潜变量	观测变量	观测变量含义
态度	棉农收益	棉花目标价格补贴对农民收益影响
	满意度评价	对棉花目标价格改革的满意度评价
	农业保险	棉花目标价格改革对农业保险影响
	棉花价格	对下一年度棉花价格的预测情况
主观规范	宣传手段	报纸、广播、电视等宣传手段的作用
	补贴方式	补贴方式对提高棉花产量的情况
	补贴标准	补贴标准对确定棉花播种面积的情况
	补贴发放时间	补贴发放时间对棉花生产资金周转情况
	合作社	其他棉花种植合作社对棉花生产的影响
感知行为控制	植棉技术	植棉生产技术需求情况
	非农技能	非农就业技能情况
	资金	资金用于棉花生产周转使用情况
	劳动力	拥有劳动力情况
行为意愿	继续植棉	总的植棉意愿
	机械化采收	棉花的机械化采摘
	降低植棉成本	降低棉花生产成本的意愿
	提高棉花品质	提高棉花品质意愿
	加入植棉合作社	加入植棉合作社意愿
	信息需求	了解市场价格信息意愿
生产行为	改变种植规模	调减（增）棉花面积、扩大（减少）其他作物种植面积，或者规模化生产经营
	更换优良品种	购买产量和品质性状好的棉花种子
	加入合作社	
	提高生产技术水平	积极加入合作社组织，改进植棉生产技术

研究棉花目标价格制度对棉农生产行为的影响因素，以计划行为理论（TPB）探求直接观测变量无法实现、存在潜变量影响作用的因素，运用结构方程模型进行实证分析。SEM 是一种可以将测量与分析整合为一的计量研究方法，它不仅可以处理观测变量间的相互关系，构建多个潜变量，更能探讨潜变量之间或者潜变量与观测变量之间的复杂关系。其结构方程如下：

测量方程：$y = \Lambda_{y}\eta + \varepsilon$

$x = \Lambda_{x}\xi + \delta$

测量方程是表示观测变量 x、y 与潜变量 η、ξ 之间关系的方程组。

结构方程：$\eta = \gamma\xi + \beta\eta + \zeta$

结构方程是表示潜变量与潜变量之间关系的方程组。式中，ξ 为外生潜变量，η 为内生潜变量，γ、β 是路径系数，γ 表示外生潜变量对内生潜变量的影响，β 表示内生潜变量之间的关系，ζ 为结构方程的残差项。

棉花目标价格制度对南北疆棉农生产行为影响的结构方程模型为：

$$y_1 = \gamma_{11}x_{22} + \gamma_{12}x_{23} + \gamma_{13}x_{24} + \zeta_1$$
$$y_2 = \gamma_{21}x_{16} + \gamma_{22}x_{17} + \gamma_{23}x_{18} + \gamma_{24}x_{19} + \gamma_{25}x_{20} + \gamma_{26}x_{21} + \beta_{21}y_1 + \zeta_2$$
$$y_3 = \gamma_{31}x_1 + \gamma_{32}x_2 + \gamma_{33}x_3 + \gamma_{34}x_4 + \gamma_{35}x_5 + \gamma_{36}x_6 + \beta_{31}y_2 + \zeta_3$$
$$y_4 = \gamma_{41}x_7 + \gamma_{42}x_8 + \gamma_{43}x_9 + \gamma_{44}x_{10} + \gamma_{45}x_{11} + \beta_{41}y_2 + \zeta_4$$
$$y_5 = \gamma_{51}x_{12} + \gamma_{52}x_{13} + \gamma_{53}x_{14} + \gamma_{54}x_{15} + \beta_{51}y_2 + \zeta_5$$

其中，$y_1 \sim y_5$ 分别代表棉农的生产行为、植棉行为意愿、态度、主观规范、感知行为控制，$x_1 \sim x_{24}$ 分别代表24个观测变量，γ 代表潜变量与观测变量之间的因素负荷量，β 代表潜变量之间的路径系数，ζ 为残差项。农民植棉行为影响因素假设模型如图6-1所示。

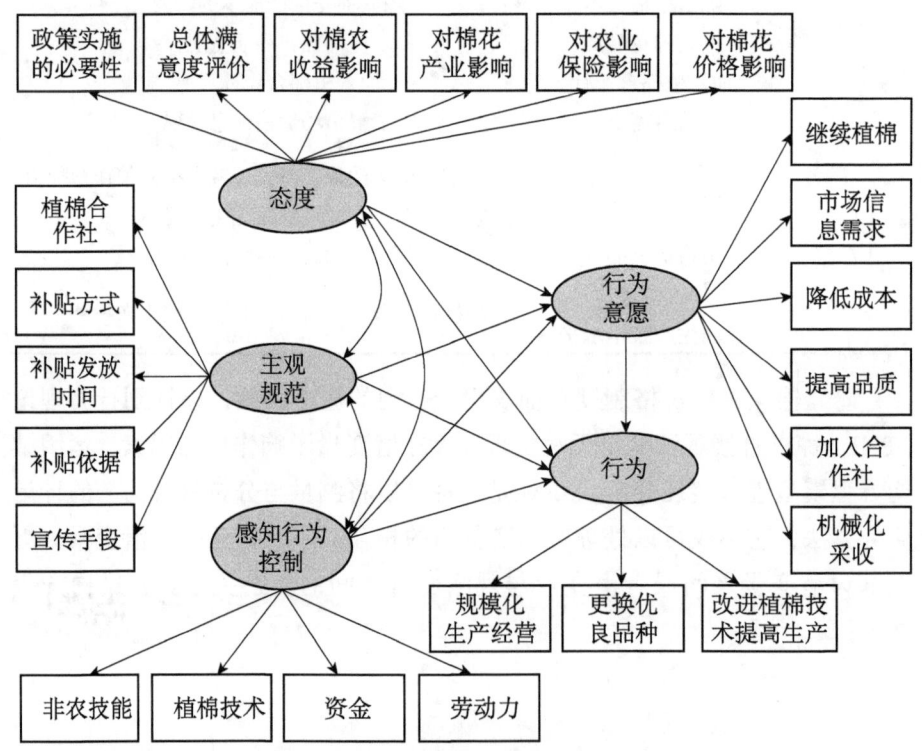

图 6-1　农民植棉行为影响因素假设模型

6.3 对农户植棉行为影响实证研究

鉴于南北疆植棉农户本身的素质和植棉技术发展水平的明显差异，在研究目标价格改革政策对农户植棉行为影响的实证分析中，南北疆所选取的观测变量指标略有不同，因此分别建模并分析结果。

6.3.1 对南疆农户植棉行为影响分析

6.3.1.1 样本的信度检验

采用克伦巴赫 α 系数法（Cronbach's Alpha）对调查样本进行信度检验。结果显示整体 α 系数值为 0.898，项数为 24 项。各潜变量信度检验结果见表 6-12。

表 6-12 潜变量信度检验

潜变量	克伦巴赫 α 系数	可测变量个数
态度	0.740	6
主观规范	0.826	5
感知行为控制	0.775	4
行为意愿	0.744	6
生产行为	0.768	3

克伦巴赫 α 系数值在大于等于 0.7 时具有较高信度，0.6～0.7 可以接受，因此该问卷具有较好的内部一致性。本研究潜变量克伦巴赫 α 系数值均在 0.7 以上，说明问卷信度较好，样本数据的可靠性较高，问卷设计合理。

6.3.1.2 验证性因子分析（CFA）

运用 AMOS20.0 分别针对假设模型中的 5 个潜变量的观测变量进行验证性因子分析，并根据标准化因素负荷量和协方差指数 MI 值进行观测变量的删除或修正，标准化因素负荷量太小、MI 值太大的观测变量予以删除，MI 值较大的进行修正并反复尝试，直到得到最优的结果，见表 6-13。

验证性因子分析过程中，所有观测变量的非标准化因素负荷量均为正值，且显著；标准化因素负荷量的值均大于 0.5，且大部分大于 0.7，组成信度（CR）大于 0.7，表明每个潜变量内部具有高度一致性，收敛效度（AVE）基本都大于 0.5，表明每个潜变量与其观测变量所组成的构面有较高

表 6-13 变量信度效度及 CFA 结果

观测变量		潜变量	非标准化因素负荷量	S.E.	z-value	P	标准化因素负荷量	题目信度 (SMC)	组成信度 (CR)	收敛效度 (AVE)
x_2	←	态度	1				0.776	0.602	0.876	0.640
x_3	←	态度	0.934	0.07	13.318	***	0.816	0.666		
x_4	←	态度	0.947	0.068	13.872	***	0.847	0.718		
x_5	←	态度	0.821	0.067	12.215	***	0.757	0.572		
x_7	←	主观规范	1				0.811	0.657	0.879	0.646
x_8	←	主观规范	1.241	0.086	14.483	***	0.841	0.707		
x_9	←	主观规范	1.249	0.103	12.128	***	0.728	0.761		
x_{10}	←	主观规范	1.243	0.087	14.257	***	0.829	0.688		
x_{12}	←	感知行为控制	1				0.758	0.575	0.759	0.443
x_{13}	←	感知行为控制	0.982	0.12	8.165	***	0.607	0.369		
x_{14}	←	感知行为控制	0.803	0.104	7.761	***	0.576	0.332		
x_{15}	←	感知行为控制	0.893	0.096	9.3	***	0.705	0.498		
x_{18}	←	行为意愿	1				0.868	0.754	0.851	0.595
x_{19}	←	行为意愿	0.919	0.054	17.011	***	0.872	0.761		
x_{20}	←	行为意愿	0.818	0.061	13.353	***	0.737	0.543		
x_{21}	←	行为意愿	0.689	0.073	9.396	***	0.568	0.323		
x_{22}	←	行为	1				0.637	0.406	0.775	0.537
x_{23}	←	行为	1.289	0.145	8.909	***	0.817	0.667		
x_{24}	←	行为	1.164	0.134	8.696	***	0.733	0.538		

注:标准化因素负荷量 > 0.7 理想,0.5~0.6 可接受;CR > 0.7 可接受;AVE 建议 > 0.5,0.36~0.5 可接受(Fornell and Larcker, 1981; Hair, 1997)。

的收敛效度。

其中，态度构面通过验证性因子分析 6 个观测变量，x_2、x_3、x_4、x_5 标准化因素负荷量分别是 0.776、0.816、0.847、0.757，均大于 0.7，而 x_1、x_6 标准化因素负荷量小于 0.5，故予以删除，态度潜变量下的观测变量确定为 x_2、x_3、x_4、x_5。

主观规范构面通过验证性因子分析 5 个观测变量，x_7、x_8、x_9、x_{10} 标准化因素负荷量分别是 0.811、0.841、0.728、0.829，均大于 0.7，予以保留，而 x_{11} 标准化因素负荷量小于 0.5，故删除，主观规范潜变量下的观测变量确定为 x_7、x_8、x_9、x_{10}。

感知行为控制构面通过验证性因子分析 4 个观测变量，x_{12}、x_{13}、x_{14}、x_{15} 标准化因素负荷量分别是 0.758、0.607、0.576、0.705，其中 x_{14} 标准化因素负荷量偏小，但 MI 值不大，因此考虑保留，并进行了修正，故感知行为控制潜变量下的观测变量确定为 x_{12}、x_{13}、x_{14}、x_{15}。

行为意愿构面通过验证性因子分析 6 个观测变量，x_{18}、x_{19}、x_{20}、x_{21} 标准化因素负荷量分别是 0.868、0.872、0.737、0.568，均予以保留，而 x_{16}、x_{17} 两个变量标准化因素负荷量小于 0.5，故删除，行为意愿潜变量下的观测变量确定为 x_{18}、x_{19}、x_{20}、x_{21}。

行为构面通过验证性因子分析 3 个观测变量，x_{22}、x_{23}、x_{24} 标准化因素负荷量分别为 0.637、0.817、0.733，故 3 个观测变量均可保留，行为潜变量下的观测变量确定为：x_{22}、x_{23}、x_{24}。

通过 CFA 对每个潜变量构面下的观测变量进行删减、修正后，每个构面的标准化因素负荷量、信度、效度都进一步验证了保留下来的潜变量观测值一致性和可靠性，初步验证了计划行为理论对南疆棉农生产行为变化研究的适应性。

6.3.1.3 模型拟合评价

通过验证性因子分析再进行整体模型拟合度评价以检验模型的优劣。本研究 SEM 模型拟合度评价选择了卡方值（CMIN）、自由度（DF）、卡方自由度比（CMIN/DF）和相对拟合指数等指标。该模型拟合评价的结果显示，各指标数值均符合评价标准，模型整体适配度良好，假设模型构建得到支持，见表 6-14。

表 6-14 SEM 整体适配度评价指标体系及拟合结果

指标名称	含义	评价标准	实际拟合值	结果
CMIN	卡方值（χ^2）	越小越好	183.5	
DF	自由度	越大表示模型越精简	143	
CMIN/DF	χ^2自由度之比	小于 2	1.284	理想
GFI	拟合优度指数	大于 0.9	0.931	理想
AGFI	调整后拟合度指数	大于 0.9	0.908	理想
CFI	比较拟合指数	大于 0.9	0.983	理想
TLI（NNFI）	塔克—刘易斯指数	大于 0.9	0.980	理想
RMSEA	近似误差均方根	小于 0.05	0.034	理想

注：评价标准参照荣泰生《AMOS 与研究方法》，重庆出版社，2009。

6.3.1.4 结果分析

结构方程模型整体结果如图 6-2 所示。可以看出，棉农行为意愿对生产行为呈显著正相关。标准化路径系数 0.58，表明植棉农民的行为意愿突出，农户生产行为改变概率大。

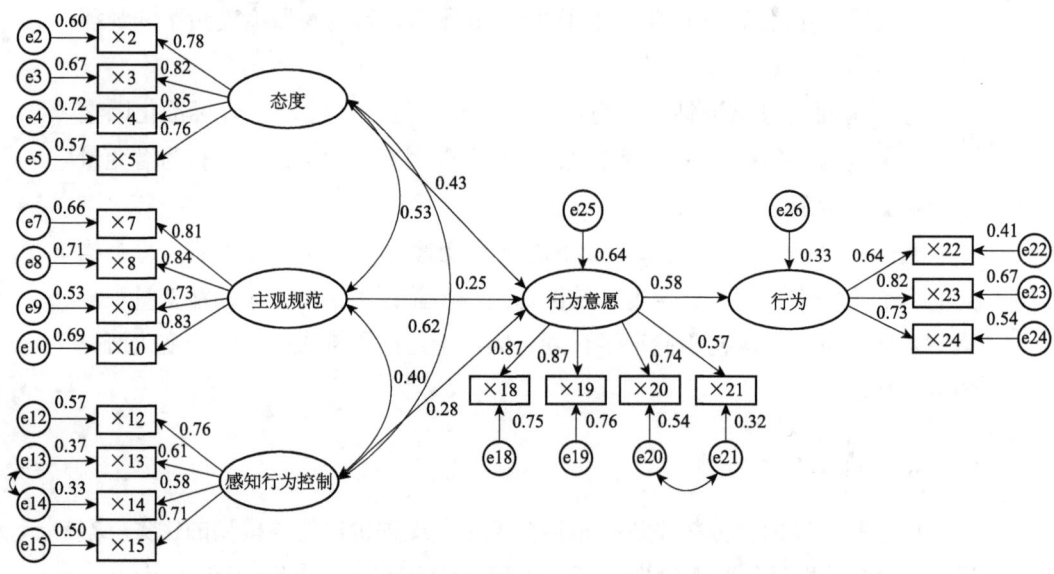

图 6-2 棉花目标价格改革对南疆农民植棉行为的影响因素

态度、主观规范和感知行为控制对南疆棉农的行为意愿均呈现显著的正相关，且 3 个潜变量对行为意愿潜变量的标准化路径系数分别为 0.43、0.25 和 0.28，表明态度对行为意愿的影响最大，感知行为控制次之，主观规范最小。新疆实施棉花目标价格制度以来，南疆棉农的态度越积极、主观规范越完善、感知行为控制越提高，其行为意愿越明显，这些行为意愿包括降低棉花生产成本、提高棉品品质、加入植棉合作社以及了解棉花市场信息的需求。

从图6-2各潜变量对应观测变量的标准化路径系数可以看出，生产行为潜变量下的3个观测变量改变种植规模、更换优良品种和加入合作社，其中标准化值最大的是更换产量品质好的棉花品种0.82，其次是加入合作社0.73，最后是改变种植规模0.64。棉花目标价格制度实施以来，对农民的生产行为变化影响最大的是农民主动更换产量品质好的棉花品种，表明这项制度实施效果逐渐显现，同时新疆棉花生产正朝着质量型发展；改变种植规模对农民生产行为变化影响最小。这是因为，虽然国家、新疆出台控制植棉面积指导方针，但是南疆自然条件决定植棉有得天独厚的优势，加之长期以来农民耕作习惯，从棉农自身角度并没有大幅度调减种植规模，是符合实际的。

行为意愿潜变量下的4个观测变量中，降低棉花生产成本和提高棉花品质标准化值较大，都是0.87，表明实施棉花目标价格以来，南疆棉农对降低棉花生产成本和提高棉花品质的意愿较强烈，其次是加入植棉合作社和对棉花市场信息的需求。可见，棉花生产在质量效益方向转型升级，农民已有较强意愿，原因主要是棉花收购企业对棉花质量进行了分级标准兑现价格；而对于规模化经营、信息化技术的需求意愿并不敏感，原因主要是南疆整体植棉规模化水平较低，信息化、智能化技术较低。

态度潜变量下的4个观测变量中，农户对棉花目标价格制度的满意程度、棉花目标价格制度对保障农民收益情况标准化值较高，分别是0.85和0.82，表明棉农对目标价格制度实施目的有一定认知，对棉花目标价格制度的满意程度比较高。

主观规范潜变量下的4个观测变量中，补贴方式对提高产量的作用标准化值最大0.84，其次是补贴时间对棉农资金周转的影响标准化值达0.83，补贴标准对棉农确定种植面积的影响标准化值达0.73，表明补贴方式、补贴发放时间对棉农的行为选择影响较大，而补贴标准影响略小，调研中也发现南疆棉农并不太关心补贴标准，而且当年种植面积也不大由补贴标准来定。

感知行为控制潜变量下的4个观测变量中，农民对植棉生产技术的需求标准化值最大0.76，其次是劳动力的影响标准化值0.71，表明棉农认为自己掌握提高棉花生产技术的能力相对非农就业技能、资金等其他因素较容易，对棉农的行为选择影响较大。

6.3.2 对北疆农户植棉行为影响分析

6.3.2.1 信度检验

使用目前最普遍的信度分析工具克伦巴赫 α 系数法来检测样本信度。结果显示,样本数据总体信度 α 值为 0.948,各潜变量 α 值均在 0.7 以上,说明问卷样本具有较好的内部一致性,同时样本信度较好,数据可靠性较高,问卷设计合理,见表 6-15。

表 6-15 样本信度分析结果

变量名称	变量个数	α 值	
态度	6	0.908	
主观规范	5	0.942	
感知行为控制	4	0.886	0.948
行为意愿	6	0.944	
行为	3	0.858	

注:α 值 ≥ 0.7 时,具有较高信度;α 值在 0.6～0.7 可接受。

6.3.2.2 验证式因素分析(CFA)

针对假设模型中的 5 个潜变量的观测变量进行验证式因素分析,根据标准化因素负荷量和协方差指数 MI 值进行观测变量的删除或修正,经过反复实践,结果显示所有观测变量的非标准化因素负荷量均为正值,且显著;所有观测变量的标准化因子负荷量均在可接受范围内(均大于 0.6);组成信度(CR)大于 0.7,表明每个潜变量内部具有高度一致性;收敛效度(AVE)大于 0.5,表明每个潜变量与其观测变量所组成的构面有较高的收敛效度。初步验证了计划行为理论对北疆棉农生产行为变化研究的适应性,见表 6-16。

表 6-16 验证式因素分析

路径			非标准化因子载荷	S.E.	z-value	P	标准化因子载荷	组成信度(CR)	收敛效度(AVE)
态度	→	x_1	1.000				0.812		
态度	→	x_2	1.101	0.054	20.280	***	0.943		
态度	→	x_3	1.077	0.055	19.455	***	0.916	0.912	0.639
态度	→	x_4	0.715	0.061	11.674	***	0.634		
态度	→	x_5	0.803	0.061	13.162	***	0.698		
态度	→	x_6	0.852	0.059	14.364	***	0.745		

续表

路径			非标准化因子载荷	S.E.	z-value	P	标准化因子载荷	组成信度(CR)	收敛效度(AVE)
主观规范	→	x_7	1.000				0.837		
主观规范	→	x_8	0.991	0.051	19.316	***	0.878		
主观规范	→	x_9	1.165	0.053	22.005	***	0.944	0.944	0.766
主观规范	→	x_{10}	1.127	0.056	20.226	***	0.901		
主观规范	→	x_{11}	1.030	0.061	16.894	***	0.809		
感知行为控制	→	x_{12}	1.000				0.831		
感知行为控制	→	x_{13}	1.140	0.067	17.052	***	0.856	0.889	0.667
感知行为控制	→	x_{14}	1.032	0.061	16.910	***	0.851		
感知行为控制	→	x_{15}	0.790	0.059	13.338	***	0.715		
行为意愿	→	x_{16}	1.000				0.901		
行为意愿	→	x_{17}	0.975	0.044	22.366	***	0.875		
行为意愿	→	x_{18}	0.886	0.047	18.830	***	0.808	0.944	0.740
行为意愿	→	x_{19}	0.977	0.041	23.902	***	0.899		
行为意愿	→	x_{20}	0.827	0.048	17.369	***	0.774		
行为意愿	→	x_{21}	0.983	0.042	23.456	***	0.893		
行为	→	x_{22}	1.000				0.849		
行为	→	x_{23}	1.040	0.068	15.187	***	0.796	0.858	0.670
行为	→	x_{24}	0.979	0.063	15.472	***	0.808		

注：标准化因素负荷量>0.7理想，0.5~0.6可接受；CR>0.7可接受；AVE建议>0.5，0.36~0.5可接受（Fornell and Larcker, 1981; Hair, 1997）。

6.3.2.3 模型拟合评价

通过 SEM 模型拟合度评价来衡量整体模型的优劣，选择了卡方值（CMIN）、自由度（DF）、卡方自由度比（CMIN/DF）和相对拟合指数等指标。该模型拟合评价的结果显示，各指标数值均符合评价标准，模型整体适配度较好，假设模型构建得到支持，见表 6-17。

表 6-17 SEM 整体适配度评价指标体系及拟合结果

指标名称	含义	评价标准	实际拟合值	结果
CMIN	卡方值（χ^2）	越小越好	380.284	
DF	自由度	越大表示模型越精简	242	
CMIN/DF	χ^2 自由度之比	<2	1.571	理想
GFI	拟合优度指数	>0.9	0.905	理想
AGFI	调整后拟合度指数	>0.9	0.882	接近

续表

指标名称	含义	评价标准	实际拟合值	结果
CFI	比较拟合指数	>0.9	0.976	理想
TLI（NNFI）	塔克–刘易斯指数	>0.9	0.973	理想
RMSEA	近似误差均方根	<0.05	0.044	理想

注：评价标准参照荣泰生《AMOS 与研究方法》，重庆大学出版社，2009。

6.3.2.4 中介效应分析

为了进一步证实北疆棉农行为意愿在棉花目标价格改革过程中的影响作用，采用 Bootstrapping 方法重复抽样 2000 次并构建 95% 的无偏差校正置信区间来进行中介效应检验，并分析不同路径中介效应的影响。

从表 6-18 可以看出，各路径对应置信区间均未包括 0，表示不同路径的中介效应显著，中介效果存在。其中，行为意愿在态度与行为之间的中介效应为 0.074，95% 的置信区间为 [0.032，0.206]，不包括 0，同时考虑到态度对行为具有直接显著作用，则表明行为意愿在态度与行为之间具有部分中介作用；行为意愿在主观规范与行为之间的中介效应为 0.139，95% 的置信区间为 [0.086，0.214]，不包括 0，同时考虑到主观规范对行为具有直接显著作用，则表明行为意愿在主观规范与行为之间具有部分中介作用；行为意愿在感知行为控制与行为之间的中介效应为 0.142，95% 的置信区间为 [0.082，0.226]，不包括 0，同时考虑到感知行为控制对行为具有直接显著作用，则表明行为意愿在感知行为控制与行为之间具有部分中介作用。

表 6-18 不同路径中介效应检验分析结果

路径	SE	Mean	非标准化间接效应估计	标准化间接效应估计	95% 置信区间	
					下限	上限
态度→行为意愿→行为	0.037	0.084	0.088	0.074	0.032	0.206
主观规范→行为意愿→行为	0.035	0.142	0.137	0.139	0.076	0.214
感知行为控制→行为意愿→行为	0.036	0.141	0.144	0.142	0.082	0.226

从表 6-19 可以看出，态度、主观规范、感知行为控制、行为意愿和行为 5 个潜变量之间 3 条不同路径的标准化直接效应分别是 0.173、0.161、

0.220，间接效应分别是 0.074、0.139、0.142，总效应分别是 0.247、0.300、0.362。以态度—行为意愿—行为路径为例：态度对行为的直接效应是 0.173，说明棉花目标价格制度实施过程中在其他条件不变的情况下，态度变量每提升一个单位，棉农的生产行为变量直接提升 0.173 个单位；由于行为意愿变量的中介作用，态度变量对生产行为存在间接效应是 0.074，即行为意愿变量在此路径中的间接效应是 0.074；态度变量对生产行为的总效应是 0.247，说明棉花目标价格制度实施过程中在其他条件不变的情况下，态度变量每提升一个单位，棉农的生产行为变量总共提升 0.247 个单位。

表 6-19 各路径之间直接效应、间接效应和总效应标准化结果

路径	标准化直接效应	标准化间接效应	标准化总效应
态度→行为意愿→行为	0.173	0.074	0.247
主观规范→行为意愿→行为	0.161	0.139	0.300
感知行为控制→行为意愿→行为	0.220	0.142	0.362

6.3.2.5 结果分析

从图 6-2 结构方程模型整体结果可以看出，北疆棉农的植棉行为意愿与生产行为呈显著正相关，即农户改变植棉的行为意愿越强烈，对生产行为变化的影响程度就越大；其标准化路径系数为 0.39，表明棉农的植棉行为变化受植棉意愿的影响。

态度、主观规范和感知行为控制对北疆棉农的行为意愿呈显著正相关，且标准化路径系数分别为 0.19、0.36、0.37，其中，感知行为控制对北疆农户植棉行为意愿影响最大，主观规范次之，态度影响最小。农户感知行为控制越强烈，对其植棉行为意愿影响程度就越大。

通过中介效应分析可以看出，北疆棉农行为意愿在棉花目标价格制度对农户生产行为影响中具有部分中介作用，其间接效应分别是 0.074、0.139、0.142。换句话说，态度、主观规范和感知行为控制对北疆棉农生产行为有直接显著影响，标准化路径系数为 0.17、0.16 和 0.22，表明不考虑棉农行为意愿因素的影响，感知行为控制潜变量对北疆棉农行为变化影响较大，态度潜变量次之，主观规范最小。

分析农户的感知行为控制潜变量影响最大的原因，一是北疆农户对棉花目标价格制度的认知和领悟程度较快且较高，以至于农户有信心、有能力长期从事棉花生产；二是调查中发现北疆农户从事棉花生产的规模化程度、技

术水平、机械化程度和家庭生活水平都相对较高,增加了农户抵御风险的能力,这对转变植棉行为必然有促进作用。

从图6-3中各潜变量对应观测变量的标准化系数可以看出,生产行为潜变量对应的3个观测变量分别是改进植棉技术提高生产、更换优良品种、规模化生产经营。其中,改进植棉技术提高生产标准化系数最大0.85,其次是更换优良品种0.81,最后是规模化生产经营0.80。原因可能是:北疆棉农对棉花目标价格改革棉价市场化有一定认知,对提质增效的棉花供给侧改革和结构调整有一定意愿,在应用现代植棉技术提高生产效率方面强烈需求,因此对其生产行为影响最大。由于补贴方式的不断调整,机械化采摘对品种要求较高,农民的质量意识不断增强,因此对农户生产行为的转变影响较大。调研中发现,北疆棉花规模化生产经营已经在逐步运行,农户已经见到明显的规模效应。

行为意愿潜变量对应的6个观测变量中,继续植棉和提高品质观测变量标准化系数最大0.9,原因是:近年来,北疆大部分主要棉区没有比植棉经济效益更好的作物来调整种植结构,并且植棉风险相对小,棉农不仅有继续植棉的意愿,而且有通过土地流转规模化植棉的意愿;实施目标价格改革以来,棉农对提高棉花品质更有积极迫切的愿望。其次是机械化采收标准化系数0.89,棉农在面对植棉成本较高,棉花价格市场化的现实中,尤其针对土地规模化生产的棉区来说,棉农对机械化采收具有较强意愿。然后依次为市场信息需求、降低成本和加入合作社,其标准化系数分别为0.88、0.81、0.77,调研中发现北疆棉农对加入合作社的意愿较小,原因可能是:北疆以家庭为单位的规模化植棉生产技术、管理水平和机械化程度较高,如果合作社没有较好的利益联结机制,反而不如家庭式农场发展有利。

态度潜变量对应的6个观测变量中,对其影响从大到小依次是:棉农对目标价格改革的整体满意程度、目标价格制度对棉农收益的影响、目标价格实施的必要性、目标价格制度对棉花价格的影响、对农业保险的影响、目标价格制度对棉花产业的影响,其标准化系数依次是0.94、0.92、0.81、0.75、0.70、0.63,表明农民对目标价格制度实施的总体满意程度较高,且目标价格制度能够保障农民的基本收益,其次是农民对目标价格制度的实施后果、对整个棉花生产方向、产业发展动向有不同程度的认知。

主观规范潜变量对应的5个观测变量中,对其影响从大到小依次是:补贴发放时间、补贴方式、补贴依据、宣传手段和植棉合作社,其标准化系数依次为0.94、0.90、0.88、0.84、0.81,表明棉农最关心补贴发放时间,越及时越好;对于按什么方式补贴更为合理,调研中发现,对于土地规模化程度高的地区,按面积补贴更合理。

感知行为控制潜变量对应的4个观测变量中,对其影响从大到小依次是:资金、技术、劳动力和非农技能,其标准化系数依次为0.86、0.85、0.83、0.71,表明北疆棉农对现代植棉技术的投入、技术应用以及其他生产要素都有较高需求。

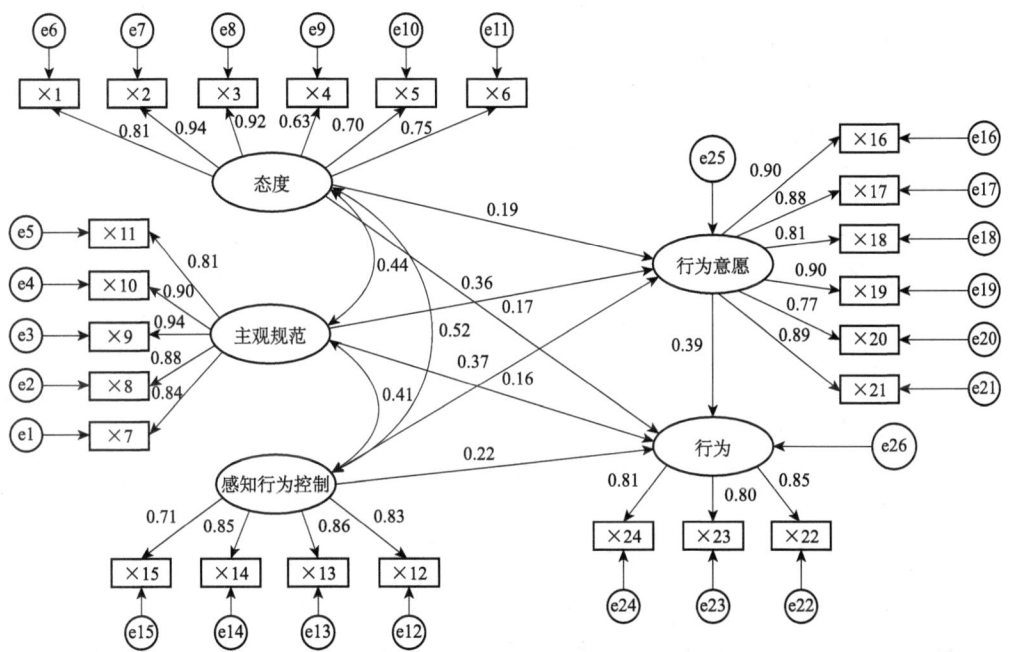

图6-3 棉花目标价格改革对北疆农民植棉行为影响因素

6.4 小结

通过构建SEM模型,验证了南北疆农户植棉行为影响因素的假设,同时得出以下主要结论。

(1)棉农行为意愿对生产行为呈显著正相关。表明植棉农民的行为意愿突出,农户生产行为改变概率大。

(2)态度、主观规范和感知行为控制对棉农的行为意愿均呈现显著的正相关。根据标准化路径系数,表明态度对南疆农户行为意愿的影响最大,感知行为控制次之，主观规范最小；感知行为控制对北疆农户植棉行为意愿影响最大，主观规范次之，态度影响最小。

（3）通过中介效应分析，态度、主观规范和感知行为控制对北疆棉农生产行为有直接显著影响，标准化路径系数为0.17、0.16和0.22，表明不考虑棉农行为意愿因素的影响，感知行为控制潜变量对北疆棉农行为变化影响较大，态度潜变量次之，主观规范最小。

（4）行为意愿潜变量下的观测变量中，南疆降低棉花生产成本和提高棉花品质标准化值较大，都是0.87，对其影响最大；北疆继续植棉和提高品质观测变量标准化系数最大0.9，对其影响最大。

（5）南疆农户生产行为潜变量下的3个观测变量改变种植规模、更换优良品种和加入合作社，其中标准化值最大的是更换产量品质好的棉花品种0.82，其次是加入合作社0.73，最后是改变种植规模0.64；而北疆农户生产行为潜变量对应的3个观测变量分别是改进植棉技术提高生产、更换优良品种、规模化生产经营。其中，改进植棉技术提高生产效率标准化系数最大0.85，其次是更换优良品种0.81，最后是规模化生产经营0.80。

根据以上结果从农户生产行为的视角分析，目标价格改革实施以来，植棉收益减少又倒逼棉花生产质量的情况下，南疆以小农户为主的生产方式，对提高棉花品质、降低成本的意愿直接而强烈；而植棉成本居高不下，小规模土地生产经营效率低下，棉农自然有积极行为加入合作社，因此探寻适合区域发展实际的合作经营之路是解决发展南疆棉花生产的当务之急。北疆植棉土地规模化效应逐渐显现，棉农行为已经转变到生产技术的标准化、提高生产效率、提质增效上，因此探寻机械化、标准化、集约化的棉花生产方式是关键所在。农户的行为意愿进一步体现出目标价格改革以来南北疆棉花生产面临和亟待解决的关键问题，也表明新疆棉花正朝着提质量、增效益、合作经营的方向发展。

第7章

主要结论与政策建议

7.1 主要结论

本研究归纳总结棉花目标价格改革实施总体情况、取得成效和存在问题；分析改革对新疆棉花生产和生产经营主体的影响；在借鉴行为经济学、农户行为学理论的基础上，通过典型案例比较对南北疆棉花生产经营主体行为进行分析；依据计划行为理论，构建结构方程模型（SEM），研究农户行为意愿影响因素；课题从不同视角、采用不同研究方法、由浅入深地探析目标价格改革对新疆棉花生产的影响作用，以此评判棉花目标价格改革的实施效果，主要结论总结如下。

（1）目标价格改革政策从试点到探索阶段历经5年来，在目标价格标准确定、宏观补贴核算、政策操作细节、微观补贴计发、探索补贴方式、补贴资金兑付方式等方面不断微调和完善，对促进新疆棉花生产方式转变取得了一定成效。2020年将要开始下一轮改革，从拓展改革目标，延长棉花产业补贴链条，构建综合补贴体系等方面，探寻如何发展高品质、高效益、融合发展的新疆棉花产业改革平稳深化措施。

（2）通过模糊综合评价法分析棉农对目标价格改革实施各项指标满意程度，棉农对目标价格改革实施的满意度值为3.598～4.009，处于一般与满意之间。其中，棉农对补贴对象和补贴依据两个指标的满意程度较高，对补贴发放时间指标的满意程度最低；棉农对目标价格改革实施机制方面的满意程度高于实施方式方面，因此在目标价格改革实施方式方面仍有待进一步完善和提高。

（3）目标价格改革以来，新疆棉花种植面积、产量、单产呈现波动中稳定增长的趋势。2017年，新疆棉花种植规模和总产量已分别占全国的69.4%和80.8%，"全国棉花看新疆"的格局已经确立。其中，南疆棉花种植规模和产量均已占到全疆的2/3以上，南疆是新疆棉花生产的重要主产区，棉花生产向优势产区进一步集中。但是，新疆棉花品种繁杂，普遍缺乏大规模种植的主栽品种或主导品种；品质较差，缺乏绒长、比强大面积达到"双29"以上优质棉；缺乏品种品质区划；缺乏农机农艺配套的机采棉生产模式，新疆发展高品质棉花任重而道远。

（4）目标价格改革对棉花生产经营主体产生了一定的影响。一是棉农的植棉意愿稳定，植棉观念发生转变，优化结构意识增强；补贴保障了棉农的基本收益；植棉生产成本逐年增长，尤其是人工成本，造成棉农植棉效益较低。二是促进了全疆不同形式的植棉合作组织发展，农民植棉的组织化程度得到提高。棉花合作组织在加速小农户土地流转，促进棉花规模化生产经营方式的转变，推进棉花生产标准化、机械化，提高产量，节本增效，增加棉农收入等方面都起到了积极作用。

（5）通过不同棉花生产经营主体行为的典型案例分析，体现出目标价格改革对新疆棉花生产经营主体行为的影响。规模化经营、合作经营、节本提质增效是新疆棉花生产的必然选择，也是向现代棉产业转型升级的必由之路。然而，新疆棉花生产仍然以小农户为主的生产经营格局，尤其南疆地区，小农户生产效率低、植棉效益低，已严重阻碍了现代棉产业的发展。

（6）通过构建SEM模型验证了南北疆农户植棉行为影响因素的假设，主要得出以下结论。

①棉农行为意愿对生产行为呈显著正相关，表明植棉农民的行为意愿突出，农户生产行为改变概率大。

②态度、主观规范和感知行为控制对棉农的行为意愿均呈现显著的正相关。根据标准化路径系数，表明态度对南疆农户行为意愿的影响最大，感知行为控制次之，主观规范最小；感知行为控制对北疆农户植棉行为意愿影响最大，主观规范次之，态度影响最小。

③行为意愿潜变量下的观测变量中，南疆降低棉花生产成本和提高棉花品质标准化值较大0.87，对其影响最大；北疆继续植棉和提高品质标准化系数最大0.90，对其影响最大。

④南疆农户生产行为潜变量下的3个观测变量改变种植规模、更换优良品种和加入合作社，其中标准化值最大的是更换产量品质好的棉花品种0.82，其次是加入合作社0.73，最后是改变种植规模0.64；而北疆农户生产行为潜变量对应的3个观测变量分别是改进植棉技术提高生产，标准化系数最大0.85；更换优良品种，标准化系数0.81；规模化生产经营，标准化系数0.80。

⑤农户的行为意愿进一步体现出目标价格改革以来南北疆棉花生产面临和亟待解决的关键问题，也表明新疆棉花正朝着提质量、增效益、合作经营

的方向发展。

7.2 政策建议

当前新疆棉花生产面临着提质增效的转型，取得成效亦存在诸多障碍和困难。本研究从棉花生产和生产者的角度，结合新时代棉花目标价格改革要求，棉花供给侧改革需求和现代棉产业发展方向，主要从以下几个方面提出政策建议。

（1）探索长期稳定适应新疆棉产业发展的目标价格补贴制度。棉花目标价格改革下一步将进入深化改革阶段，实行有所坚持并有所修改相结合，继续深化目标价格本身。在全面系统评估2014年以来实施效果的基础上，提出对棉花产业的持续政策支持十分必要。因此，继续深入研究、准确把握市场发展规律，分析预测棉花市场价格走势，科学制定适应新疆棉花生产实际的目标价格。

①在规避黄箱规则下，合理确定棉花目标价格，给新疆棉花产业结构调整一个过渡期，使棉花生产、加工、流通企业在市场机制作用下找到自己的角色，有利于其由数量型向质量型转变。

②遵循棉花种植生产规律，如在播种、收获等时节，及时公布目标价格政策，正确并积极引导优势主产区棉农生产。

③加大科学决策力度，构建棉花政策专家会商论证机制与联席会议制度，降低政策失误概率。

④继续调整完善新疆棉花目标价格政策，改进补贴方式，完善农业补贴制度，提高对棉花产业链其他环节的补贴力度，如对纺织企业与农户订单农业的补贴，倒逼棉农提高棉花生产质量。

⑤继续完善落实到位的实施细则办法。补贴资金需要及时核拨，简化补贴程序，依照生产规律及时发放补贴；加强政策实施过程中的监管机制作用。

⑥尽快健全棉花播种面积数据、价格数据、棉农基本信息数据、棉花品种数据信息核对和预警功能。

（2）在目标价格补贴的基础上，构建棉花综合补贴政策体系。2018年中央一号文件中明确指出："完善农业支持保护制度。深化农产品收储制度和价格形成机制改革，落实和完善对农民直接补贴制度，提高补贴效能。"新疆在深化棉花目标价格改革的基础上，应着力整合政府各部门有关棉花生产的补贴制度，构建综合完善的补贴体系，不断降低棉农的生产成本，提高机械化使用程度，提高植棉收益，从而提高新疆棉花的竞争力。

①继续完善棉花良种补贴。既要重点支持多类型、高品质、机采棉品种和不同类型需求的专用品种的研发和培育，又要扩大优质品种补贴力度。

②增加滴灌、化肥、农药等生产资料的补贴，加大对促进节本增效的措施：水肥药械一体化技术应用、轻简栽培技术、生物防治技术的支持。

③进一步改善棉花农机补贴。在现有的农机具购置补贴基础上，重点支持国产农机农艺配套的采棉机研发和机采棉加工设备研发的支持力度，亦可考虑对使用新疆机采棉的纺织企业给予适当补贴。

④加大以棉田高效节水为重点的高标准棉田建设补贴，紧紧抓住"十四五"期间国家恢复启动新疆优质棉基地建设这一重大契机，围绕棉田整治，田间高效节水、渠系配套加强补贴支持。

⑤支持发展多种形式的规模化棉花生产主体，增加新型棉花规模化经营主体的补贴政策。加大棉花合作社、土地连片经营支持力度，尤其支持鼓励适合南疆的"企业＋合作社＋农户＋社会化服务组织＋农业科研"的新型经营模式，试点对"村两委＋合作社"模式的支持。

⑥加大信贷扶持力度，开展棉花规模化经营组织评级授信，对棉农提供优惠信用政策，加大对棉花生产的信贷支持。

⑦进一步探索保险机制引入棉花目标价格制度，探索产量保险政策，完善"价格保险＋期货"机制方案。

⑧延长棉花产业补贴链条，考虑对纺织企业给予一定补贴。

⑨加强棉花绿色发展补贴力度，重点是残膜回收、使用可降解地膜和滴灌技术的推广应用；支持无膜化栽培技术的实验和应用。

⑩整合资源，构建目标价格补贴、农机补贴、信贷支持、农业保险、社会化服务等综合保障体系，提升新疆棉花的生产效率，保障新疆棉花走"质量兴棉、绿色兴棉"的发展之路。

（3）加大棉花科研扶持，切实推广应用节本增效绿色生产技术。

①从源头确保棉花产业发展提质增效。增加科技研发投入，结合纺织企业的用棉需求和标准，从源头上支持研发中高端棉花新品种，选育多类型、高品质、适宜机采的陆地棉和长绒棉品种，逐步满足棉纺企业对不同类型需求的专用棉花品种；加强良种繁育，改善棉花品种结构，提升棉花种业整合工程；加强棉花科技创新、成果转化、技术集成和推广应用，满足新型经营主体规模化生产科技服务需求，提升棉花生产的科技含量、综合效益和市场竞争力。在启动新一轮新疆优质棉基地建设项目的同时，建议加大对棉花新

品种研发、科技创新团队、新技术应用、科技成果转化、大数据信息服务、监测预警及决策等科技创新工程的投入，保障科研持续稳定支持和产业技术的发展。目前，新疆自育的棉花品种品质性状完全符合高品质要求，但由于缺乏集约化生产、品种区划布局，因此实现"一县一种""一区一种"，甚至是"一社一品"，这是解决当前生产中品种"多乱杂"的有效手段；同时需要政府部门有效引导，出台政策，杜绝不规范的行为，双管齐下保障提升棉花质量。

②以区域适宜品种布局为基础，进行集约化生产与示范。优化配套各环节的农机、农艺技术，通过机艺融合体系集成，应用验证、经济性评价分析和系统优化，构建新疆棉区—南北疆棉区—地（州）—县（市）四级的节本增效技术体系，建立万亩核心技术示范区，为大面积推广提供技术标准和典型范式。加大推广机采棉模式，以农机农艺配套技术为突破口，加强水肥生理机制研究、配套打顶及脱叶催熟技术研究，切实提高降低成本提高效益的生产技术。加快棉花智能化节水滴灌、配方施肥、轻简栽培技术示范、生物防治、机械采收等节本增效措施的推广应用。推行可降解地膜的使用，对使用可降解地膜给予补贴；尽快试验应用无膜化栽培技术。研究和应用创新绿色种植模式和关键技术，提升中高端品质棉花的生产效率。

（4）建立多种形式适度规模合作经营组织，促进小农户与现代棉产业有机衔接。

①向规模化生产要效益，支持建立合作组织。农业农村部《2019年种植业工作要点》明确指出要鼓励棉花规模化生产。新疆的棉花种植主要以家庭生产为主，单个生产者的分散经营不能降低生产成本、提高棉花品质、增加效益，会影响农民植棉积极性，因此建立多种形式的农民合作经营组织，有利于促进小农户与现代棉产业的有效衔接。目前，"合作社＋农户"模式和"龙头企业联合土地社、农机社"模式已成为新疆棉花生产主要经营模式，有利于棉花生产集约化、标准化、信息化水平，其中合作社的组织经营模式有利于对接市场，直接与纺织企业签订订单，通过纺织企业的需求倒逼棉花生产质量的提升，同时使产业链形成联动、闭合的整体；企社联动模式有利于规模化生产，实现生产资料、农机具的社会化服务；这两种模式在北疆发展较快，但仍需要在大力推行订单农业的基础上，在政府的积极引导下，帮助合作社对接下游企业的需求，提高棉花品质和集约化标准化生产水平，同时培育多种形式的社会化服务组织，尤其是发挥基层公益性社会化服务组织的带动作用，加快推进小农户与现代棉产业有机衔接。

②探索符合南疆实际的棉花生产经营模式。面对南疆地区生产经营组织多样化的现实，"合作社+农户"比较符合南疆实际，不仅实现土地规模化经营，还有效解决南疆劳动力转移困难和保障社会稳定。尝试合作社创立人由村两委参与组织领办，将党支部建在合作社，一是树立合作社的威信和地位，二是有利于出面协调与企业的有效对接。也建议鼓励引导农村青年、大学生参与并创办合作社，他们接受新事物快，有知识、有主动改变行为的意愿，对合作经营有促进作用。另外，尝试推行"企业+合作社+农户+社会化服务组织+农业科研"的高效发展模式，这种模式能真正实现企业需求什么、农民就生产什么、科研就研制什么，不仅实现了规模化订单、订制生产，同时促进棉花生产的集约化标准化和转型升级，推进棉花全产业链的发展。

（5）积极引导小农户转变观念和生产行为，提升自身发展能力。

①积极引导，促进棉花生产。棉花目标价格改革的实施对农民行为转变的影响，说明当前的生产方式严重制约了棉花生产比较效益，棉农有意识接受这种变化，这就需要基层政府鼓励并引导农民如何发展节本增效植棉生产，规模化生产经营，加强理念和技术培训，以此转变棉农的行为方式。同时，也要营造良好的植棉大环境，调动农民的积极性。根据国家恢复启动新疆优质棉基地建设，将有助于提升新疆棉花的生产效率与竞争力，促进棉花整个产业链的相互融合，使棉农感受到价值存在，从而提高棉农的生产积极性，增强棉农的行为意愿。

②提高棉农生产技术、经营管理的能力既是农业发展方式转变的客观要求，也是引导棉农转变行为方式的内生动力。新疆棉农自身发展能力偏低是制约棉花生产方式转变的关键因素。当前要发展棉花生产技术的标准化、信息化、智能化，农民作为技术的应用者，必须掌握现代农业生产、管理和经营技术，因此，加强小农户的培训，提高棉农自身技能对促进棉产业转型升级具有重要意义。首先，应结合各地棉花生产水平，分门别类地培养；其次，培养形式要多样化，不一定选择在农闲时间集中培训，也可以将培训穿插于棉花生产中，把典型示范与技术推广结合起来，尤其要借助互联网、手机等信息传播技术手段；针对南疆这样一个少数民族聚居、深度贫困区来说，建议通过工程带动、项目支持、专项补贴和"民族团结一家亲"活动等方式，引导各类社会组织和各级农业科技人员到生产一线开展技术攻关、技术服务；同时鼓励培育青年农场经营者、农村实用人才带头人、"土专家"和"田秀才"，带动农民学科技、用科技，切实提升小农户自身发展能力，让棉农有尊严地快乐植棉，真正体会到获得感、幸福感和荣誉感。

（6）搭建棉花产业利益共同体机制，推进全产业链融合发展。棉花是产业链最长的大田经济作物，长期以来形成了各管各的事，各环节各部门之间缺乏有效交流和沟通，造成供给侧不知道需求侧真正想要什么，上下游脱节，极不利于棉花产业提质增效的转型升级。因此，建立棉花"科研—生产—加工—流通—纺织—服装"一体化运作机制，形成利益共同体，实现全产业链有机融合发展，是解决当前棉花产业制约瓶颈的关键所在。

①继续发挥国家产业联盟作用。2016年，国家成立棉花产业联盟，宗旨就是从需求方入手，以高品质棉花为抓手，按照需求方需要什么、生产方就生产什么、种子企业就提供什么、科研单位就研制什么的思路进行棉花全产业链布局，推动技术、生产、需求一体化发展，实现产业融合，各环节互利共赢。因此，继续发挥国家产业联盟作用，引领新疆棉花产业发展模式转变和升级，推进中高端品质棉花发展。

②建立集棉花生产、加工、销售为一体的综合数据平台。利用新疆农业大数据信息服务平台，建立棉花产供销信息，运用大数据技术手段分析棉花市场走势，并及时发布供需信息，实现棉农、棉花加工企业、棉纺企业及其他相关机构信息共建共享和互联互通，确保棉花收购、加工、销售畅通。通过信息平台采集棉花种植面积、品种、产量、质量、单产等信息，在此基础上分析棉花生产存在的问题并及时改进；采集收购、加工、销售、纺织等信息，结合外部信息，分析棉花市场形势，为决策提供支持，实现棉花全产业链的信息分析和预警。

③推进兵地棉花市场融合。为保障兵团和地方棉农共同利益，牢固树立兵地"一盘棋"思想，加强改革政策衔接，发挥兵团引领作用，借鉴兵团"五统一"生产方式，努力促进形成统一、开放的新疆棉花市场，培育中高端棉花品牌战略，全面推动新疆棉花产业更好、更快发展，形成合力建成我国最大的中高端原棉生产基地。

参考文献

阿莉亚·马克甫，2018.新疆沙湾县棉花目标价格补贴落实情况调查[J].广西质量监督导报（11）：51-52.

艾尼瓦尔·阿不都拉，张鹏忠，郭峰，等，2018.关于新疆喀什地区棉花生产发展的思考[J].中国棉花，45（9）：40-43.

白梅，2012.基于模糊综合评价法的网络购物顾客满意度测评研究[D].大连：东北财经大学.

鲍勇，姚升，吴国松，2018.棉花产业链对目标价格补贴政策的影响分析[J].沈阳农业大学学报（社会科学版），20（1）：31-35.

常江，孔哲礼，2016.基于农户行为视角的农业补贴政策效应研究——以棉花目标价格补贴为例[J].金融发展评论（4）：88-94.

程广燕，钱静斐，王东阳，2015.我国棉花产业发展现状及支持政策分析[J].农业经济（5）：3-5.

丛虎滋，2018.新疆博州棉花供给侧结构性改革试点工作实践与对策[J].中国棉花，45（5）：43-44.

杜珉，刘锐，2015.关于新疆棉花目标价格补贴试点政策的探讨[J].中国棉花，42（1）：1-5.

段菊霞，2011.新疆棉花专业合作社运营模式的分析与研究[D].乌鲁木齐：新疆大学.

樊桥迎，2016.棉花目标价格补贴政策绩效分析[D].石河子：石河子大学.

范国旭，王志凌，2017.贵州山区贫困农户对脱贫政策的满意度评价[J].贵州农业科学，45（12）：162-166.

方蕊，安毅，刘文超，2019."保险+期货"试点可以提高农户种粮积极性吗？——基于农户参与意愿中介效应与政府补贴满意度调节效应的分析[J].中国农村经济（6）：113-126.

方学伟，2014.南疆棉农生产行为及影响因素研究[D].乌鲁木齐：新疆农业大学.

费孝通, 2012. 乡土中国 [M]. 北京: 北京大学出版社.

干洁, 吴连翠, 2019. 惠农政策背景下主销区种粮大户的粮食生产行为研究——以浙江省为例 [J]. 中国集体经济 (9): 90-92.

高胜, 田绍仁, 2011. 我国棉花专业合作社的发展研究探讨 [J]. 中国棉花, 38 (9): 6-10.

高昕, 李国权, 2018. 乡村振兴中的农户生产行为与农业发展方式研究 [M]. 北京: 中国农业出版社.

高欣宇, 2016. 新疆棉农参与期货合作社意愿与组织模式研究 [D]. 乌鲁木齐: 新疆农业大学.

郜亮亮, 杜志雄, 2018. 棉花目标价格改革对国内棉花市场影响的实证分析 [J]. 改革 (7): 137-147.

郭凌, 2013. 美国棉花合作社套期保值效果的实证检验及启示 [J]. 中国棉麻流通经济 (5): 29-33.

韩冰, 2017. 基于信息管理的我国棉花目标价格政策及其效果研究 [D]. 北京: 中国农业科学院.

何丽娟, 王永强, 2019. 补贴政策、有机肥使用效果认知与果农有机肥使用行为——基于陕西省部分有机肥补贴试点县和非试点县的调查 [J]. 干旱区资源与环境, 33 (8): 85-91.

侯博, 应瑞瑶, 2015. 分散农户低碳生产行为决策研究——基于 TPB 和 SEM 的实证分析 [J]. 农业技术经济 (2): 4-13.

胡迪, 杨向阳, 王舒娟, 2019. 大豆目标价格补贴政策对农户生产行为的影响 [J]. 农业技术经济 (3): 16-24.

黄季焜, 王丹, 胡继亮, 2015. 对实施农产品目标价格政策的思考——基于新疆棉花目标价格改革试点的分析 [J]. 中国农村经济 (5): 10-18.

加治堂, 张龙, 张军, 2015. 棉花补贴政策变化对新疆棉花产业的影响——以阿克苏地区为例 [J]. 金融发展评论 (5): 83-93.

矫健, 陈伟忠, 康永兴, 等, 2017. 供给侧改革背景下加快新疆农业提质增效的思考 [J]. 中国农业资源与区划, 38 (5): 1-5+13.

柯炳生, 2018. 三种农业补贴政策的原理与效果分析 [J]. 农业经济问题 (8): 4-9.

孔祥智, 2018. 乡村振兴的九个纬度 [M]. 广州: 广东人民出版社.

李际平, 黄山如, 等, 2006. 林业系统工程基础 [M]. 北京: 国防科技大学出版社.7.

李娟, 2016. 石河子垦区棉花良种补贴政策绩效评价研究 [D]. 石河子: 石河子大学.

李培良, 魏晓文, 2017. 我国棉花生产成本与收益分析 [J]. 中国棉花, 44 (2): 16.

李向天, 2017. 目标价格改革背景下新疆棉花产业链优化研究 [D]. 合肥: 安徽财经大学.

李雪源, 2005. 发挥新疆棉区生态品质多样性优势 科学品质布局 [A]// 中国棉花学会. 中国棉花学会 2005 年年会暨青年棉花学术研讨会论文汇编 [C].

李雪源, 2015. 棉花目标价格改革对棉花产业的影响分析 [A]// 中国棉花学会. 中国棉花学会 2015 年年会论文汇编 [C].

李雪源, 2016. 新疆棉花质量效益规模分析与发展适度规模下的质量效益型棉业 [A]// 中国农学会棉花分会. 中国农学会棉花分会 2016 年年会论文汇编 [C].

李雪源, 2017. 新疆棉花产业发展与供给侧改革 [A]// 中国农学会棉花分会、中国农学会棉花分会 2017 年年会暨第九次会员代表大会论文汇编 [C].

李阳, 2012. 郑州市农户耕地保护行为意愿影响因素分析 [D]. 杨凌：西北农林科技大学.

李瑜, 2010. 现阶段我国农户经营行为特征及其选择 [J]. 商业研究（8）：192-197.

李哲敏, 钟永玲, 李娴, 等, 2017. 目标价格改革试点对棉花市场的影响分析 [J]. 中国农业资源与区划, 38（10）：87-91.

刘北桦, 雷钧, 詹玲, 2014 等. 全程机械化：新疆棉花产业发展的必然选择——以新疆博乐市达勒特镇呼热布呼村为例 [J]. 中国农业资源与区划, 35（1）：8-11+43.

刘慧, 2015.12. 农产品目标价格改革试点进展情况研究 [M]. 北京：中国农业出版社.

刘嘉琪, 2019. 小农户融入现代农业路径研究 [D]. 成都：四川省社会科学院.

刘清娟, 2012. 黑龙江省种粮农户生产行为研究 [D]. 哈尔滨：东北农业大学.

柳苏芸, 2017. 我国大豆目标价格补贴政策及其效果研究 [D]. 北京：中国农业大学.

卢秀茹, 贾肖月, 牛佳慧, 2018. 中国棉花产业发展现状及展望 [J]. 中国农业科学, 51（1）：26-36.

逯志刚, 2012. 粮食补贴对农民种粮意愿的影响研究 [D]. 杨凌：西北农林科技大学.

马彦丽, 施轶坤, 2012. 农户加入农民专业合作社的意愿、行为及其转化——基于 13 个合作社 340 个农户的实证研究 [J]. 农业技术经济（6）：101-108.

马自国, 2018. 历次获得诺贝尔奖的行为经济学理论介绍 [J]. 金融经济（16）：161-162.

毛德敏, 2016. 目标价格试点背景下新疆棉花种植业面临的困境分析 [J]. 辽宁农业科学（1）：55-57.

毛树春, 李亚兵, 王占彪, 等, 2018. 农业高质量发展背景下中国棉花产业的转型升级 [J]. 农业展望, 14（5）：39-45.

穆燕鸿, 王杜春, 迟凤敏, 2016. 基于结构方程模型的农村电子商务影响因素分析——以黑龙江省 15 个农村电子商务示范县为例 [J]. 农业技术经济（8）：106-118.

南灵, 李阳, 唐玉洁, 2013. 农户耕地保护行为激励因素分析——以郑州市 1034 户微观调查数据为例 [J]. 华中农业大学学报（社会科学版）(1)：72-76.

农业部农村经济研究中心、中国棉花协会、中华全国供销总社棉麻局, 2003. 加入WTO 后的中国棉花和纺织业对全球市场的影响——2003 中国国际棉花会议论文集 [C].

乔颖丽, 2016. 新形势下农业微观组织发展趋势研究 [M]. 北京：清华大学出版社.

秦中春, 2015. 引入农产品目标价格制度的理论、方法与政策选择 [M]. 北京：中国发展出版社.

秦中春, 2016. 新疆棉花目标价格制度改革分析研究 [J]. 区域经济评论（6）：46-57.

秦中春, 2019. 新疆棉花价格改革的经验和启示 [J]. 中国经济报告（3）：30-34.

任大鹏, 尹翠娟, 2019. 以衔接小农户为目标重新认识合作社规范化 [J]. 中国农民合作社（10）：55-57.

荣泰生，2009. AMOS 与研究方法 . [D] 重庆：重庆大学出版社 .

邵子南，吴群，许恩，等，2014. 农户对农村居民点整理意愿及影响因素研究——基于 Logistic 和 SEM 模型的实证分析 [J]. 水土保持研究，21（6）：228-233.

沈海强，2016. 谈合作社对棉花质量的控制作用 [J]. 中国纤检（3）：32-33.

宋洪远，2016. 关于农业供给侧结构性改革若干问题的思考和建议 [J]. 中国农村经济（10）：18-21.

宋洪远，赵海，等，2015. 中国新型农业经营主体发展研究 [M]. 北京：中国金融出版社 .

孙亚范，2011. 农民专业合作社利益机制、成员合作行为与组织绩效研究 [D]. 南京：南京农业大学 .

谭涛，2004. 农产品供应链组织效率研究 [D]. 南京：南京农业大学 .

唐鸣，梁东兴，2013. 中国农户的历史变迁与行为特征 [J]. 华中师范大学学报（人文社会科学版），52（2）：25-32.

田立文，白和斌，柏超华，等，2015. 新疆棉花补贴政策、存在问题及对策研究 [J]. 新疆农业科学，52（7）：1359-1367.

王博，王英，王非同，2017. 棉花目标价格补贴政策实施效果调查研究 [J]. 山东纺织经济（11）：27-29.

王丹，2014. 新疆玛纳斯县农民专业合作社自我发展能力研究 [D]. 石河子：石河子大学 .

王力，何韶华，2018. 新疆棉花目标价格政策实施效果研究 [J]. 价格理论与实践（8）：147-150.

王利荣，赵永南，李明，2015. 棉花目标价格补贴对经营主体种植决策影响研究——以江苏省南通市为例 [J]. 价格理论与实践（10）：47-49.

王萍，李智媛，孙明明，等，2016. 农民对大豆目标价格政策的满意度分析 [J]. 大豆科学，35（1）：155-159.

王卫涛，2011. 我国农民合作社发展现状及对策研究 [D]. 大连：东北财经大学 .

王文豪，2017. 基于模糊综合评价的惠农政策满意度评价研究——以新疆昌吉地区惠农政策实施为例 [J]. 数学的实践与认识，47（19）：66-75.

王彦发，马琼，康海燕 . 2018. 新疆棉花目标价格补贴试点成效及优化研究——基于深化供给侧结构性改革背景 [J]. 价格月刊（10）：13-17.

王怡婧，李晓蓉，杨槐，2016. 国内农户生态行为研究综述 [J]. 特区经济（7）：173-174.

王勇，骆世明，2007. 现代农业发展中的农户行为研究 [J]. 广东农业科学（12）：109-113.

王震，刘伟平，翁凝，2015. 基于计划行为理论的农户行为研究及展望 [J]. 内蒙古农业大学学报（社会科学版），17（4）：12-17.

温波，陈丽琴，徐彩霞，2015. 棉花目标价格改革对新疆棉花产业的影响 [J]. 新疆农垦经济（3）：64-67.

吴兵福，2006. 结构方程模型初步研究 [D]. 天津：天津大学.

吴明隆，2010.10. 结构方程模型—AMOS 的操作与应用 [M]. 重庆：重庆大学出版社.

吴梓境，刘斯萌，2019. 退耕还林补贴政策对农户与政府间博弈行为的影响 [J]. 北方园艺（11）：152-157.

项朝阳，孙慧，2014. 基于计划行为理论的农户安全蔬菜种植意愿研究 [J]. 广东农业科学（18）：176-181.

肖曼，2015. 新疆地方植棉户机采棉技术采用行为研究 [D]. 石河子：石河子大学.

新疆维吾尔自区统计局，2012—2018. 新疆统计年鉴 2012—2018[M]. 北京：中国统计出版社.

新疆维吾尔自治区棉花目标价格试点领导小组办公室，2016. 新疆棉花目标价格改革试点工作文件汇编 [R].

徐丽华，2019. 棉花目标价格政策改革及其影响 [J]. 合作经济与科技（5）：25-27.

徐田华，2018. 农产品价格形成机制改革的难点与对策 [J]. 农业经济问题（7）：70-77.

许翔宇，张大斌，凌立文，等，2018. 基于农民满意度视角的广东省精准扶贫政策成效评价 [J]. 广东农业科学，45（3）：155-164.

闫岩. 2014，计划行为理论的产生、发展和评述 [J]. 国际新闻界（7）：113-129.

杨丹，刘自敏，2016. 农村合作社制度下的农户行为研究 [J]. 经济科学（4）：102-113.

杨婕妤，刘美丽，孔蕊蕊，等，2019. 基于模糊综合评价法对农村居民快递服务满意度的评价——以甘肃省通渭县为例 [J]. 云南农业大学学报（社会科学），13（4）：69-73.

杨伟华，2016. 对棉花供给侧结构性改革的思考 [A]// 中国农学会棉花分会. 中国农学会棉花分会 2016 年年会论文汇编 [C].

杨秀玉，戴俊生，刘平方，2017. 新疆农民专业合作社发展概况与经营服务总体特征 [J]. 山西农业科学，45（3）：457-464.

姚升，2017. 内地棉花目标价格补贴政策与棉农生产决策行为——基于安徽省微观数据的经验 [J]. 山西农业大学学报（社会科学版），16（9）：36-42.

姚增福，郑少锋，2010. 种植大户生产行为意愿影响因素分析——基于 TPB 理论和黑龙江省 378 户微观调查数据 [J]. 农业技术经济，（8）：27-33.

殷志扬，程培堽，王艳，等，2012. 计划行为理论视角下农户土地流转意愿分析——基于江苏省 3 市 15 村 303 户的调查数据 [J]. 湖南农业大学学报（社会科学版）(3)：1-7.

于莉，邓恩远，2009. 社会调查方法与实务 [M]. 北京：北京大学出版社.

余文渊，2006. 农村政策的微观视角：农户理论及其综合性分析对我国农村政策的启示 [J]. 中共贵州省委党校学报（3）：43-44.

喻树迅，张雷，冯文娟，2015. 快乐植棉——中国棉花生产的发展方向 [J]. 棉花学报，27（3）：283-290.

袁伟民，2013. 农民专业合作组织对棉农收入影响的实证研究 [D]. 保定：河北农业大学．

岳跃，2006. 中国农户经济行为的二元博弈均衡分析 [M]. 北京：中国经济出版社．

翟雪玲，张杰，2018. 中国棉花产业供给侧结构性改革现状与展望 [J]. 农业展望，14（8）：53-58.

张杰，杜珉，2016. 新疆棉花目标价格补贴实施效果调查研究 [J]. 农业经济问题，37（2）：9-16, 110.

张瑞梅，段丽娜，2017. 棉花目标价格改革对新疆棉花产业的影响研究 [J]. 新疆农垦经济（1）：14-19.

张胜男，2019. 政策性农业保险对农民专业合作社生产行为的影响研究 [D]. 哈尔滨：东北农业大学．

张亚南，张琪，殷海萍，等，2019. 基于模糊综合评价法的社区居民旅游扶贫满意度研究——以崇礼、张北县为例 [J]. 遵义师范学院学报，21（4）：58-62+100.

赵鑫，戴俊生，杨秀玉，2019. 基于 SEM 棉花目标价格制度对农户生产行为影响分析 [J]. 新疆农业科学，56（2）：381-391.

赵鑫，李东丽，苗红萍，等，2018. 棉花 2 目标价格制度对南疆棉农生产行为影响研究——基于 TPB 和 SEM 的实证分析 [J]. 中国农业资源与区划，39（4）：138-144.

中共中央国务院关于实施乡村振兴战略的意见 [N]. 农民日报，2018-02-05（01）．

周利平，苏红，邓群钊，等，2014. 计划行为理论视角下农户参与用水会意愿影响因素研究——基于结构方程模型的实证分析 [J]. 广东农业科学（6）：231-236.

Ajzen I, 1991. The Theory of planned behavior. Organizational Behavior and Human Decision Processes（2）：179-211.

Ariely D, 2008. Predictably Irrational: The hidden forces that shape our decisions [M]. New York: Harper Collins.

Edwin Young C, Paul C Westcott, 2000. How decouple is U.S. agricultural support for major crops? [J]American Journal of Agricultural Economics, 82（3）：762-767.

James A Vercammen, 2000. Constrained efficient contracts for area yield crop insurance[J]. American Journal of Agricultural Economics, 82（4）：856-864.

Jesus Anton, Chantal Le Mouel, 2004. Do counter-cyclical payments in the 2002 US Farm Act create incentives to produce[J]. Agricultural Economics, 2004, 31: 277-284.

Joe Dewbre, Wyatt Thompson, Joshua Dewbre, 2007. Consistency or conflict in OECD agricultural trade and aid Policies[J]. American Journal of Agricultural Economics, 89（5）：1161-1167.

Larsen M N, 2003. Quality standard-setting in the global cotton chain and cotton sector reform in sub-saharan Africa[R]. Working paper 03.7. Copenhagen (Denmark): institute for International Studies.

Sachin Kumar Sharma, Kavita Bugalya, 2014. Competitiveness of Indian agriculture sector: a case study of cotton crop[J]. Procedia-Social and Behavioral Sciences, 133: 320-335.

Sckokai-P, Moro-D. 2006. Modeling the reforms of the common agricultural policy for arable crops under uncertainty[J]. American Journal of Agricultural Economics, 88（1）: 43-56.

Soregaroli C, Sckokai P, Moro D, 2006. Agricultural policy modelling under imperfect competition[J]. Journal of Policy Modeling, 33（2）: 195-212.

Tschirley D, Poulton C, Labaste P, 2009. Organization and performance of cotton sectors in Africa. Learning from reform experience[R]. Washington D. C.: World Bank.

附　录

《目标价格改革对新疆棉花生产经营主体影响研究》调查问卷（南疆农户）

乡镇、村名：_____　　户主姓名：_____

一、基本特征调查

1. 基本情况

	（请选择画√）
年龄	
性别	①男　②女
民族	①汉族　②少数民族
健康状况	①良好　②中等　③差
文化程度	①没有上过学　②小学　③初中　④高中或者中专　⑤大专及以上

2. 你家一共有人口（　　），其中参与种地的人数（　　），兼业的人数（　　）

3. 你家种了多少年地（　　）

4. 你家现有耕地面积（　　）亩，自有耕地（　　）亩，承包耕地（　　）亩

二、生产经营状况调查

1. 你家2013—2016年种植棉花的情况为

	2013年	2014年	2015年	2016年
棉花种植面积（亩）				
籽棉产量（千克/亩）				

续表

	2013 年	2014 年	2015 年	2016 年
种植成本（元/亩）				
采摘费（元/千克）				
籽棉收购价格（元/千克）				
家庭收入（万元）				
种棉收入（万元）				

2. 你种植棉花的原因有：（可多选，请选择画√）

①增加收入；②耕作习惯；③国家补贴政策好；④棉花比其他作物收益高；⑤外出务工辛苦；⑥其他_____。上述原因中请按重要性递减排序_____。

3. 你家享受国家棉花目标价格补贴情况（单位：万元）

	2014 年		2015 年		2016 年	
	单位补贴	合计	单位补贴	合计	单位补贴	合计
按种植面积补贴						
按产量补贴						
共补贴						
补贴后盈亏情况						

三、行为意愿影响因素调查（请选择画√）

（一）态度变量

1. 你认为在目前棉花生产成本高，国际棉价低的大环境下，国家实施棉花目标价格改革政策

①完全没必要　②不太必要　③还可以　④有必要　⑤非常有必要

2. 你认为棉花目标价格改革政策能够促进新疆棉花产业发展吗？

①完全不能　②基本不能　③还可以　④基本能　⑤完全能够

3. 你认为棉花目标价格改革政策能够保障棉农的基本收益吗？

①完全不能　②基本不能　③还可以　④基本能　⑤完全能够

4. 你对当前国家实施的棉花目标价格补贴政策总体评价

①很不满意　②有点不满意　③还行　④满意　⑤非常满意

5. 你认为棉花目标价格有利于实施农业保险政策吗？

①完全不利于　②基本不利于　③还可以　④基本有利于　⑤完全有利于

6. 你预测一下 2016 年棉花销售价格会怎样？

①下跌很多　②下跌一点　③基本持平　④上涨一点　⑤上涨很多

（二）测量主观规范变量

7. 报纸、电视、广播、宣传册等宣传手段对你认识棉花目标价格政策有用吗？

①完全没用　　②用处不大　　③还可以　　④有点用处　　⑤用处很大

8. 棉花目标价格补贴方式对你提高棉花产量有用吗？

①完全没用　　②用处不大　　③还可以　　④有点用处　　⑤用处很大

9. 播种前国家公布棉花目标价格补贴标准，对你确定当年的棉花播种面积有用吗？

①完全没用　　②用处不大　　③还可以　　④有点用处　　⑤用处很大

10. 棉花目标价格补贴发放时间对你用于棉花生产的资金周转有影响吗？

①完全没用　　②用处不大　　③还可以　　④有点用处　　⑤用处很大

11. 棉花种植合作社对你的棉花种植有影响吗？

①完全没用　　②用处不大　　③还可以　　④有点用处　　⑤用处很大

（三）测量感知行为控制变量

12. 你有提高棉花产量和品质所需的技术吗？

①完全没有　　②有一点　　③有　　④有一些　　⑤有很多

13. 你有非农就业技能吗？

①完全没有　　②有一点　　③有　　④有一些　　⑤有很多

14. 你有足够资金周转用于棉花生产吗？

①完全没有　　②有一点　　③有　　④有一些　　⑤有很多

15. 你家有足够的劳动力种植棉花吗？

①完全没有　　②有一点　　③有　　④有一些　　⑤有很多

（四）测量行为意愿

16. 目标价格改革以来，你有没有继续种棉花的想法

①完全没有　　②有一点　　③有　　④有一些　　⑤有很多

17. 目标价格改革以来，你有没有减少棉花种植规模的想法

①完全没有　　②有一点　　③有　　④有一些　　⑤有很多

18. 目标价格改革以来，你有没有降低棉花种植成本的想法

①完全没有　　②有一点　　③有　　④有一些　　⑤有很多

19. 目标价格改革以来，你有没有提高棉花品质的想法

①完全没有　　②有一点　　③有　　④有一些　　⑤有很多

20. 目标价格改革以来，你有没有加入棉花合作社的想法

①完全没有　　②有一点　　③有　　④有一些　　⑤有很多

21、目标价格改革以来,你有没有了解棉花销售市场价格信息的需求
①完全没有　　②有一点　　③有　　④有一些　　⑤有很多

22. 目标价格改革以来,你有没有调减(增)棉花面积、扩大(减少)种植其他作物?
①完全没有　　②有一点　　③有　　④有一些　　⑤有很多

23. 目标价格改革以来,你有没有购买更换产量品质性状好的棉花种子
①完全没有　　②有一点　　③有　　④有一些　　⑤有很多

24. 目标价格改革以来,你有没有积极加入棉花合作社组织
①完全没有　　②有一点　　③有　　④有一些　　⑤有很多

四、满意度调查

1. 请您对棉花目标价格改革政策的实施情况做出您的满意度评价,满意度评价分为"非常满意""满意""一般""不满意""非常不满意",其中"非常满意=5""满意=4""一般=3""不满意=2""非常不满意=1"

①补贴对象	5	4	3	2	1
②补贴依据(种植证明、籽棉收购票据及身份证明)	5	4	3	2	1
③补贴发放时间	5	4	3	2	1
④补贴标准(例如,2015年19 100元/吨)	5	4	3	2	1
⑤补贴方式	5	4	3	2	1
⑥对基层落实情况(对政策的宣传、面积核实、补贴公示等)	5	4	3	2	1
⑦补贴监督机制	5	4	3	2	1
合计	5	4	3	2	1

2. 您最关心以上棉花目标价格改革中的哪一方面?(请选择画√)
①补贴对象　②补贴依据　③补贴发放时间　④补贴标准　⑤补贴方式　⑥对基层落实情况　⑦补贴监督机制

《目标价格改革对新疆棉花生产经营主体影响研究》调查问卷(北疆农户)

自2014年棉花目标价格改革试点工作在新疆实施以来,持续推进已三年时间。为了了解此次改革试点工作的效果和农民植棉意愿影响因素的变化,特组织此次问卷调查,希望得到您的支持。

乡镇、村名:_____ 户主姓名:_____

一、基本特征调查

1. 基本情况

	(请选择画√)
年龄	
性别	① 男 ② 女
民族	① 汉族 ② 少数民族
健康状况	① 良好 ② 中等 ③ 差
文化程度	① 没有上过学 ② 小学 ③ 初中 ④ 高中或者中专 ⑤ 大专及以上

2. 你家一共有人口(   ),其中参与种地的人数(   ),兼业的人数(   )

3. 你种了多少年地(   )

4. 你家现有耕地面积(   )亩,自有耕地(   )亩,承包耕地(   )亩

二、生产经营状况调查

1. 你家2013—2016年种植棉花的情况为

	2013 年	2014 年	2015 年	2016 年
棉花种植面积（亩）				
籽棉产量（千克/亩）				
种植成本（元/亩）				
采摘费（元/千克）				
籽棉收购价格（元/千克）				
家庭收入（万元）				
种棉收入（万元）				

2.你种植棉花的原因有：（可多选，请选择画√）

①增加收入；②耕作习惯；③国家补贴政策好；④棉花比其他作物收益高；⑤外出务工辛苦；⑥其他_____。上述原因中请按重要性递减排序_____

3.你家享受国家棉花目标价格补贴情况（单位：万元）

	2014 年		2015 年		2016 年	
	单位补贴	合计	单位补贴	合计	单位补贴	合计
按种植面积补贴						
按产量补贴						
共补贴						
补贴后盈亏情况						

三、行为意愿影响因素调查（请选择画√）

（一）态度变量

1.你认为在目前棉花生产成本高，国际棉价低的大环境下，国家实施棉花目标价格改革政策

①完全没必要　②不太必要　③还可以　④有必要　⑤非常有必要

2.你对当前国家实施的棉花目标价格补贴政策总体评价

①很不满意　②有点不满意　③还行　④满意　⑤非常满意

3.你认为棉花目标价格改革政策能够保障棉农的基本收益吗？

①完全不能　②基本不能　③还可以　④基本能　⑤完全能够

4.你认为棉花目标价格改革政策能够促进新疆棉花产业发展吗？

①完全不能　②基本不能　③还可以　④基本能　⑤完全能够

5.你认为棉花目标价格有利于完善农业保险政策的吗？

①完全不利于　②基本不利于　③还可以　④基本有利于　⑤完全有利于

6. 你预测一下 2017 年棉花销售价格会怎样？
①下跌很多　　②下跌一点　　③基本持平　④上涨一点　　⑤上涨很多

（二）测量主观规范变量

7. 报纸、电视、广播、宣传册等宣传手段对你认识棉花目标价格政策有用吗？
①完全没用　　②用处不大　　③还可以　　④有点用处　　⑤用处很大

8. 棉花目标价格补贴依据，对你棉花生产有影响吗？
①完全没用　　②用处不大　　③还可以　　④有点用处　　⑤用处很大

9. 棉花目标价格补贴发放时间对你用于棉花生产的资金周转有影响吗？
①完全没用　　②用处不大　　③还可以　　④有点用处　　⑤用处很大

10. 棉花目标价格补贴方式对你提高棉花产量有用吗？
①完全没用　　②用处不大　　③还可以　　④有点用处　　⑤用处很大

11. 其他棉花种植合作社对你的棉花生产有影响吗？
①完全没用　　②用处不大　　③还可以　　④有点用处　　⑤用处很大

（三）测量感知行为控制变量

12. 你家有足够的劳动力种植棉花吗？
①完全没有　　②有一点　　③有　　④有一些　　⑤有很多

13. 你有结余资金周转用于棉花生产吗？
①完全没有　　②有一点　　③有　　④有一些　　⑤有很多

14. 你有提高棉花产量和品质所需的生产技术吗？
①完全没有　　②有一点　　③有　　④有一些　　⑤有很多

15. 你有非农就业技能吗？
①完全没有　　②有一点　　③有　　④有一些　　⑤有很多

（四）测量行为意愿

16. 目标价格改革以来，你种植棉花的意愿
①完全没有　　②有一点　　③有　　④有一些　　⑤有很多

17. 目标价格改革以来，你有没有了解棉花销售市场价格信息的需求
①完全没有　　②有一点　　③有　　④有一些　　⑤有很多

18. 目标价格改革以来，你有没有降低棉花种植成本的意愿
①完全没有　　②有一点　　③有　　④有一些　　⑤有很多

19. 目标价格改革以来，你有没有提高棉花品质的想法
①完全没有　　②有一点　　③有　　④有一些　　⑤有很多

20. 目标价格改革以来，你有没有加入棉花合作社的想法

①完全没有　　②有一点　　　③有　　　④有一些　　　⑤有很多

21. 目标价格改革以来，你有没有实现机械化采收的意愿

①完全没有　　②有一点　　　③有　　　④有一些　　　⑤有很多

22. 目标价格改革以来，你有没有改进植棉技术

①完全没有　　②有一点　　　③有　　　④有一些　　　⑤有很多

23. 目标价格改革以来，你有没有购买产量品质性状好的棉花种子

①完全没有　　②有一点　　　③有　　　④有一些　　　⑤有很多

24. 目标价格改革以来，你有没有规模化生产经营

①完全没有　　②有一点　　　③有　　　④有一些　　　⑤有很多

四、满意度调查

1. 请您对棉花目标价格改革政策的实施情况做出您的满意度评价，满意度评价分为"非常满意""满意""一般""不满意""非常不满意"，其中"非常满意 =5""满意 =4""一般 =3""不满意 =2""非常不满意 =1"

①补贴对象	5	4	3	2	1
②补贴依据（种植证明、籽棉收购票据及身份证明）	5	4	3	2	1
③补贴发放时间	5	4	3	2	1
④补贴标准（例如，2015 年 19 100 元 / 吨）	5	4	3	2	1
⑤补贴方式	5	4	3	2	1
⑥对基层落实情况（对政策的宣传、面积核实、补贴公示等）	5	4	3	2	1
⑦补贴监督机制	5	4	3	2	1
合计	5	4	3	2	1

2. 您最关心以上棉花目标价格改革中的哪一方面？（请选择画√）

①补贴对象　②补贴依据　③补贴发放时间　④补贴标准　⑤补贴方式　⑥对基层落实情况　⑦补贴监督机制

后 记

本书是国家社科基金项目"棉花目标价格改革对新疆棉花生产经营主体行为意愿影响研究"（15BJY126）最终研究成果。从2015年6月获得项目立项以来，已经五个春秋，期间寒暑交替、四季更迭，正如研究的整个过程，困惑、迷茫、坚持……经过不懈努力、认真钻研、潜心撰写，最终于2020年7月顺利通过全国同行专家的鉴定，并且鉴定为良好等级。我想：这也许是对我从事科研工作以来最大的肯定和鼓励。如今，将此研究成果修改完善，即将付梓之际，更多的是感激之情。

感谢国家社科规划办对本研究成果的资助，感谢新疆维吾尔自治区社科规划办、自治区党委办公厅、自治区党委农村工作办公室、自治区发改委、自治区农业农村厅畜牧兽医局、新疆农业科学院等单位及主要领导的重视、关心、支持和帮助。

在资料收集和地州农户调研过程中，课题组先后赴南疆、北疆12个棉花主产县（市）进行实地调研，走访棉花生产管理部门、植棉合作社和植棉农户，行程15 000多千米，与30多个相关部门、10多家合作社和586户植棉农户座谈，得到了当地农业局、农经局、乡（镇）政府、农技站、村两委、驻村工作队等相关单位领导及负责同志的大力支持和帮助。没有他们，获得如此大量数据是难以想象的；同时也要感谢敞开心扉接受调查农民的积极配合，使我获得了难能可贵的基础研究资料。

课题研究中，首先感谢新疆农科院农经所所长戴俊生研究员给予课题执行极大的支持和帮助；还要感谢原院长陈彤教授、原所长马建荣研究员对我学术上的指点、鞭策和激励；感谢新疆农业大学杨俊孝教授、刘国勇教授、宋玉兰教授给予研究睿智的建议和意见；感谢课题组全体成员的共同努力，参与本书编写的课题组成员主要有：戴俊生、王晓伟、丁建国、苏武峥、杨秀玉、麦吾兰江·买买提、杨婧、肖丽等。

  本书中的观点是课题组从学术研究角度客观提出，仅供学术界和政策制定领域参考。由于时间短、能力有限，一些分析可能有不当之处，文字上也难免存在疏漏，敬请各位专家学者批评指正。

作　者
2020 年 10 月 20 日